KNAUR

Von Louise Jacobs ist bei Knaur bereits erschienen:
Fräulein Jacobs funktioniert nicht

Über die Autorin:
Louise Jacobs, geboren 1982, wuchs in der Schweiz und den USA auf. Als Vierzehnjährige begann sie mit dem Schreiben – eine Leidenschaft, die sie bis heute nicht mehr loslässt. Ihr erstes Buch *Café Heimat*, die Geschichte ihrer Familie, erschien 2006 und stand monatelang auf der Bestsellerliste. Zuletzt erschien von ihr der Spiegel-Bestseller *Fräulein Jacobs funktioniert nicht*. Louise Jacobs lebt in Vermont.

Louise Jacobs

Louise sucht das Weite

Wie ich loszog, Cowboy zu werden,
und zu mir selbst fand

Besuchen Sie uns im Internet:
www.knaur.de

Vollständige Taschenbuchausgabe Dezember 2017
Knaur Taschenbuch
© 2016 Knaur Verlag
Ein Imprint der Verlagsgruppe
Droemer Knaur GmbH & Co. KG, München
Alle Rechte vorbehalten. Das Werk darf – auch teilweise – nur mit
Genehmigung des Verlags wiedergegeben werden.
Covergestaltung: Büro Jorge Schmidt, München
Coverabbildung: Christina Ryan
Bildnachweis: Privatarchiv der Autorin
Sporen Seite 180: Shutterstock / biancardi
Satz: Adobe InDesign im Verlag
Druck und Bindung: CPI books GmbH, Leck
ISBN 978-3-426-78835-6

2 4 5 3 1

INHALT

PROLOG
9

1. TEIL
Auf der Suche
11

2. TEIL
Das große Land
51

3. TEIL
Erhörte Gebete
135

4. TEIL
Der Aufbruch
187

EPILOG
261

All den schönen Pferden

Prolog

Ich habe den Traum, mal nach Mexiko zu reiten oder in Montana zu leben. Ich träume davon, eine Farm mit vielen Pferden und Rindern zu besitzen. Auf meinem eigenen Land könnte ich schon morgens bei Sonnenaufgang in den kühlen Morgen reiten oder bei strömendem Regen durch die Wiesen streifen. Ich träume davon, mittags neben meinem Pferd an einem Fluss zu liegen und dem rauschenden Wasser zuzuhören. In meiner Phantasie ist dieser Traum ganz lebendig. Und ich weiß nicht, wann, und ich weiß auch nicht, wie, aber dieser Traum wird wahr werden.

Tagebucheintrag vom 11. April 1997

1. Teil

Auf der Suche

I

Neunzehn Jahre später sitze ich in meinem Arbeitszimmer im Staat der grünen Berge. Draußen schweben einzelne Schneeflocken durch die Luft. Die Fliegen erwachen aus dem Winterschlaf, summen herum oder liegen tot auf den Fensterbrettern. Scheint die Sonne, schimmern die Knospen an den sonst kahlen Bäumen schon rötlich. Die Felder sind blass, sie haben, seit der Schnee abgetaut ist, nur selten das Licht gesehen. Unter ihnen taut die Erde sehr langsam, und im Wald bricht der Boden auf, da der Frost aus der Erde steigt. Auf den Pfaden ist es matschig oder vereist, das Schmelzwasser fließt in jeder Furche, es herrscht eine Stille, als warte ein leergeräumtes Haus auf seine Besucher.

Frühling ist die härteste Jahreszeit in Vermont. Die Farmer haben sich in ihre Sugar Houses zurückgezogen, wo sie den Saft der Ahornbäume über dem Holzfeuer zu Sirup einkochen. Sie kochen unser flüssiges Gold.

Wenn ich zum Post Office fahre, um die Post zu holen, sehe ich die Rinder auf den kargen Wiesen stehen, die Muttertiere sind trächtig, die Kolkraben hopsen auf der Suche nach Würmern umher. Die Bären streunen am Waldrand entlang, die Rehe kommen abends bei Dämmerung aus dem Dickicht, am Flussufer habe ich auch schon einen Adler gesehen.

Halte ich dann auf dem Weg nach Hause im Country Store im Ort, um mir Kaffee zu holen, kann es sein, dass ein paar alte Herren aus der Umgebung dasitzen, maulen und sich übers Wetter und ihre Gesundheit beschweren.

Die Städter nennen das Leben auf dem Land das »einfache Leben«; dass das eine Illusion ist, merke ich, wenn es

März in Vermont ist. Ich bin in meinem Leben immer wieder nach Vermont gereist, einen Ort, in den sich bereits mein Vater vor zwanzig Jahren verliebt hatte und wo wir seit 1990 unsere Sommer auf einer Farm verbachten. Die »Farm« war anfangs nichts weiter als ein rotes Backsteinhaus mit vier Schornsteinen auf dem Dach und ein altes, leeres Stallgebäude, das ebenfalls auf dem Grundstück stand. Wir besaßen in den ersten Jahren keine Tiere auf dieser »Farm«, da wir Vermont ja nur im Sommer besuchten. Erst sehr viel später schaffte mein Vater ein Pony namens Rudi und einen Esel namens Pewee an. Weitere Jahre später kamen Schafe und Pferde dazu.

Das nächste Dorf liegt etwa eine Meile von der Farm entfernt, hat einen Gemischtwarenladen, an den das Post Office angeschlossen ist, es gibt eine Kirche, ein Hotel und eine Feuerwehr – das ist es. Als Kind hätte man sich keinen Ort vorstellen können, der weniger bot als Vermont. Und doch schafften es meine Eltern, dieses Weltende für uns zum Paradies zu machen.

In den Vermonter Wäldern konnte ich reiten, so viel ich wollte. Ich konnte nackt in den Weihern schwimmen, nachts bei Vollmond im taunassen Gras liegen und morgens wieder beim ersten Sonnenlicht, in Wolldecken eingehüllt, in mein Tagebuch schreiben. In Vermont entstand mein Traum vom Cowboysein, und dieser Traum hat mich durch meine Kindheit und Jugend getragen und auch nicht mehr verlassen, als ich längst erwachsen war.

Heute lebe ich nicht mehr auf der Farm, bin mit meiner Familie in ein Haus zwei Orte weiter eingezogen. Ich bin auch nicht mehr nur im Sommer in Vermont, sondern eben auch im März. Aber der Weg zurück nach Vermont war lang.

2

Es muss im Herbst des Jahres 2014 gewesen sein. Ich saß seit meinem neunzehnten Lebensjahr in Berlin fest. Ich war Schriftstellerin von Beruf – und wollte doch nichts mehr als auf einer Rinderfarm in Amerika anheuern und damit mein Geld verdienen. Ich wollte Kühe treiben, Kälber brennen, Stiere kastrieren, unter freiem Himmel schlafen, Whiskey am Feuer trinken, viel reiten und lange, langweilige Tage auf der Ranch verbringen, an denen ich nichts weiter tat, als Lederzeug zu flicken: So stellte ich mir ein ausgefülltes Leben vor.

Ich habe so viele Anläufe unternommen, diesem Leben näher zu kommen, es ist fast komisch. Viele Jahre habe ich mich weit und noch weiter von meinem Traum entfernt, habe die Hoffnung aufgegeben, jemals so glücklich werden zu können, wie es für mich stimmte. Ich lebte nicht in Amerika, wo ich einfach mein Auto hätte vollpacken können, um gen Westen zu fahren. Ich hatte keine Kontakte in den Wilden Westen, keinen Onkel, der starb und mir seine Ranch vermachte. Ich war, wo immer ich versuchte, den Cowboy zu leben, lediglich eine Besucherin. Immer wieder stellte sich mir das Leben in den Weg, hinderte mich daran zu versuchen, es anders und neu zu machen.

Im Herbst 2014 stand ich an einem Punkt in meinem Leben, an dem klar war, dass mein Leben so, wie ich es in Berlin führte, keine Zukunft hatte. Mir war nur elend, und ich fühlte mich alleine und gottverlassen. Wenn ich wirklich als Cowboy in Amerika leben wollte, musste ich endlich etwas dafür tun.

Ich suchte im Internet nach Arbeit und fand eine Webseite mit zahlreichen Angeboten für Ranch-Jobs. Ich sortierte sie nach Orten, und da »Sheridan, Wyoming« irgendwie gut klang, wählte ich kurzentschlossen die dort angegebene Nummer eines gewissen »Wallie«. Nachdem niemand abnahm, schaltete sich der Anrufbeantworter ein. Ich hinterließ eine Nachricht mit meinem Anliegen, meinem Namen und meiner Telefonnummer, dann legte ich auf und dachte wehmütig: »Rancher können einfach den ganzen Tag draußen beschäftigt sein, ohne ans Telefon zu müssen.«

Es war Zufall, dass ich am nächsten Morgen schon bei Sonnenaufgang wach wurde, Kaffee machte und mich in mein Arbeitszimmer mit Blick auf eine Charlottenburger Hausfassade setzte. Dort lag das schnurlose Telefon auf meinem Schreibtisch, und um Punkt sieben Uhr klingelte es.

Wer rief denn um diese Uhrzeit an? Ich nahm ab. Es war Wallie aus Wyoming. Er kam sofort zur Sache: »Du willst einen Job?«

»Ja«, entgegnete ich verblüfft.

»Hast du Erfahrung mit der Arbeit auf einer Viertel-Million-Acre-Ranch?«

»Nein.«

»Kannst du Pferde beschlagen?«, fragte er.

Ich schlug mir an den Kopf. »Nein«, gestand ich, »aber ich reite!« Und weil ich solche Angst hatte, abgewiesen zu werden, fügte ich hinzu: »Hufschmied könnte ich lernen.«

»Kannst du denn das Lasso werfen?«

Ich sagte: »Nein, aber auch das kann ich lernen.«

»Was willst du verdienen?«, unterbrach er mich.

»Ich weiß es nicht«, antwortete ich völlig ratlos, dabei fragte ich mich, was zur Hölle man denn als Cowboy wohl verdienen mochte. Ich hatte keine Ahnung. Das fing ja gut an. So einen Cowboy würde ich auch nicht einstellen.

Wallie erklärte, er selbst habe leider keine Verwendung für mich, er brauche einen erfahrenen Cowboy. Aber ich solle am nächsten Abend mal bei einer Bekannten von ihm anrufen und ihr sagen, dass ich einen Job suche. Er gab mir die Nummer, ich notierte mir alles und dankte ihm von Herzen. In Gedanken sah ich, wie er weit weg in Sheridan den Hörer seines Drehscheibentelefons einhängte, sich seinen Feierabend-Whiskey eingoss und, die Nase hochziehend, im Schaukelstuhl zurücklehnte, seinem großen Hund über den Kopf kraulte und zu ihm sagte: »Verrückte gibt's ...«

Ich träumte vom Cowboysein, seit ich vierzehn war. Bis zu dem Telefonat mit Wallie hatte ich geglaubt, alles über den Cowboy zu wissen und vor allem sein Wesen zu kennen. Von wegen! Schlagartig wurde mir klar, dass ich nur die *Vorstellung* von einem Cowboy kannte – nicht aber seine Realität. Ich wusste nicht mal, wie viel er verdiente!

Wallie erscheint mir heute wie ein Spuk. Er hatte mit wenigen Worten und ganz unbedarft einen großen Mechanismus in mir in Gang gesetzt. Ich wollte mir den Traum vom Cowboysein erfüllen. Mir war völlig klar, dass ich lernen musste, wie man ein Pferd beschlug, wenn ich auf einer Ranch arbeiten wollte. Und selbst dann; eine Herde Rinder über die blauen Salbeibüsche der Prärie zu treiben war kein Traum, sondern knüppelharte Arbeit.

Wie ich später aus meiner Recherche lernte, konnte man als erfahrener Cowboy auf einer Ranch vierhundert Dollar pro Woche mit Vollpension verdienen. Das aber bedeutete vierzehn Stunden täglich, sieben Tage die Woche

Kälber aus den Bäuchen ihrer Mütter zu ziehen und keine Zeit zu haben, neben dem Ofen zu sitzen und Cowboymythen zu lauschen.

Taugte ich denn überhaupt als Cowboy? Woher sollte ich wissen, ob hinter meiner Sehnsucht ein echtes Talent lag? Konnte ich denken wie ein Rindvieh? Schließlich machten Hut und Stiefel allein keinen echten Cowboy aus. Der Cowboy barg eine ganze Lebensphilosophie in sich, er war nicht einfach ein Mann in blauen Jeans und rotem Hemd, sondern verkörperte eine ganze Lebenseinstellung.

Egal. Trotz der Zweifel, die ich nach meinem ganz unromantischen Gespräch mit Wallie hatte, wollte ich dieses stets verschlossene Gatter am Ende meines Horizontes endlich öffnen.

3

Geboren wurde ich in der Schweiz, mit achtzehn kam ich nach Berlin. Ich wollte eigentlich nur Abitur machen, wurde glücklicherweise in die zwölfte Klasse eines öffentlichen Gymnasiums in Zehlendorf aufgenommen und rechnete damit, nach zwei Jahren Berlin wieder zu verlassen. Obwohl ich die deutsche Staatsangehörigkeit hatte (meine Eltern sind Deutsche), hatte ich meine ersten achtzehn Lebensjahre hauptsächlich in der Schweiz verbracht. Nun sollte ich zum ersten Mal in meinem Leben in Deutschland leben.

Ein Berliner Gymnasium war nicht nur die letzte Rettung für mich »schulischen Problemfall« gewesen, sondern auch ein großes Abenteuer. Da mir das Schreiben und das

Rechnen schwerfielen, hatte ich mehrere Male bereits die Schule gewechselt, war aus der Schweiz in die USA gegangen, in der Hoffnung, dass dort auf einer Highschool alles besser werden würde.

Doch Schule blieb Schule – ich wurde meine Legastheniker-Geschichte nicht los. Mathematik, Physik, Chemie, Biologie und Rechtschreibung: Im System Schule fand ich mich nicht zurecht. Nur das Mitleid eines Schuldirektors und die Anonymität eines öffentlichen Gymnasiums in dieser riesigen Stadt Berlin gaben mir die letzte Chance, einen Abschluss zu machen. Außerdem wollte ich nichts mehr, als mich aus der Schweizer Perfektion in die totale Destruktion dieser bunten, chaotischen Stadt fallen zu lassen.

Ich zog in eine Einzimmerwohnung, hatte 500 DM Taschengeld im Monat und transportierte Möbel auf dem Gepäckträger meines Fahrrades.

Mein Leben und das Leben in den Straßen pulsierte. Ich empfand es als brutal, es raubte mir auch Kraft, aber ich war achtzehn Jahre alt und voller Tatendrang. Ein Bündel neuer Chancen trug ich in meinen Armen – alles, was in Zürich undenkbar gewesen war, war auf einmal möglich. Ich zog mich an, wie es mir passte, trug Camouflagehosen und T-Shirts mit Rockeremblemen, ohne damit schräge Blicke zu ernten. Meine Turnschuhe trug ich mit Minirock, meine Pullover hatten manchmal Löcher, und ich schaffte mir eine Lederjacke von Harley-Davidson an. Ich ging aus und tanzte auf den Tischen. Ich verliebte und entliebte mich. Am Abend wollte ich die rauschende Party, die verrücktesten Leute, das hautnahe Feeling. Ich wollte in irgendwelchen Armen liegen, sehnte mich so sehr nach jemandem, der mich mitriss, mich entführte, nur für ein paar Stunden.

Ich entdeckte neue Musik, neue Literatur, neues Essen. Berlin war unerschöpflich.

Zwischen krachenden Autos, stinkenden Lastwagen, rempelnden Menschen und tonnenschweren Eindrücken fühlte ich mich tough.

Rastlos und neugierig streifte ich mit all den anderen Menschen durch die städtischen Schluchten, Fußgängertunnels oder über Brücken. In jedem Augenpaar, das mich erblickte und meinem Blick standhielt, las ich im Zeitraffer eine ganze Lebensgeschichte; eine Geschichte voller Freuden, Enttäuschungen, Erfolge und Niederschläge. Welchen Rucksack schleppte dieser Mensch mit sich? Welche Erwartungen hatte er an das Leben? Mir schien, als habe ich in Zürich abgeschirmt von diesen Augenpaaren gelebt – in Berlin gab es kein Entkommen.

Ich war auf der Suche nach meinem ganz eigenen Leben, nach meinem ganz eigenen Ich. Wenn ich im Schaum meines Milchkaffees rührte und ihn anschließend vom Löffel leckte, dann schien mein aufregendes Leben wie ein inszenierter Film. All diese schönen Tage! Ich war nach Berlin gekommen und liebte es, und mit mir liebten es tausend andere Großstädter. Berlin ließ mich nicht weinen, ich wurde auch nicht wütend, ich war nur ruhelos, im Rausch. Wenn ich mit dem Fahrrad durch die Gegend radelte oder beim Tanzen war oder in einer Bar, dann wusste ich nur, dass es auf dieser meiner Welt gerade keinen besseren Ort für mich gab. In Berlin war ich am richtigen Platz.

Nichts und niemand konnte mich unterkriegen. Ich hätte es nie zugelassen.

4

Doch vierzehn Berliner Jahre später saß ich in meinem Auto, starrte durch die Frontscheibe ins Nichts und wurde angehupt, weil ich den Rückwärtsgang eingelegt hatte, mich aber seit Sekunden nicht aus der Parklücke rausbewegte.

Ich fühlte mich leer. Unendlich leer.

Vierzehn Jahre. Fünf Wohnungen, eine davon ausgeraubt. Drei Fahrräder, zwei davon geklaut, eines bei einem Unfall zu Schrott gefahren. Viele gescheiterte Beziehungen. Und ein veröffentlichtes Buch – das war aus meinem Berlin-Gefühl geworden.

In der letzten Zeit ertappte ich mich öfter dabei, ziellos mit dem Auto durch die Straßen der Stadt zu fahren, ohne mich zu erinnern, warum und wohin ich eigentlich unterwegs war. Manchmal stand ich einfach in einer Parklücke und fuhr dann zurück zu meiner Wohnung. So tat ich es auch an jenem Tag.

Ich besorgte mir im Gemüseladen in meiner Straße Obst und Gemüse und schaute den Gemüsehändler unschlüssig an, als er mich fragte, wie es mir ginge. Dann schlenderte ich die wenigen Schritte zu meinem Wohnhaus zurück, stieg die Treppen bis zum vierten Stock hoch und schloss meine Wohnungstür auf, legte die Früchte zum Reifen in eine Holzschüssel, machte Musik an und aß Datteln und Nüsse. Ich setzte mich auf mein Sofa und schaute durch die Balkonfenster in die Bäume.

Eine Maklerin hatte mir mal gesagt, dass man immer eine Wohnung in den obersten Geschossen beziehen sollte, so könnte man über die Baumwipfel gucken und das Vogelgezwitscher hören. Doch blickte ich von meinem Fenster aus über die Baumwipfel, sah ich auf die gegenüberliegende Hausfassade, und das Vogelgezwitscher wurde vom Hupen und den brausenden Motoren der Sportwagen in der engen Straße unter mir übertönt.

Vielleicht war ich es einfach müde, in der Großstadt zu leben. Vierzehn Jahre Berlin – eigentlich hatte ich mehr als genug, aber wo um alles in der Welt sollte ich denn sonst hin? Ich hatte mir ein Leben, ein soziales Netzwerk und eine bescheidene Schriftsteller-Karriere aufgebaut – aber das alles bedeutete mir nichts. Ich fühlte immer nur eine Leere, eine ermüdende Leidenschaftslosigkeit.

Meine Leidenschaft lag ganz woanders: Tief in mir drin schlummerte ein Traum; den hatte ich schon in der Schweiz gehabt. Ich wollte weg. Ich wollte in den Wilden Westen nach Amerika, ins Land meiner Sehnsucht. Ich wollte in die Heimat des Cowboys und nichts als Steppe und freies Land sehen. Nichts als den Wind hören und keinem Gesetz gehorchen.

Die Sehnsucht ist die Umkehrform der Sucht. Sie entsteht nicht dadurch, dass man von einer Droge nimmt und dann immer mehr davon braucht, um die Sucht zu befriedigen. Die Sehnsucht ist anders. Sie macht einen süchtig danach, sich zu sehnen. Und ich leide an ihr seit meiner Jugend. Ich wollte Cowboy werden, und nichts, aber auch gar nichts sollte mich aufhalten.

In der Schweiz, wo ich aufwuchs, wurde ich täglich mit meiner Sucht konfrontiert, denn in meinen Teenagerjahren hingen noch riesig große Marlboro-Werbungen in den Züricher Bahnstationen. Solche mit Mustangherden, die staubumweht von reitenden Männern aus den Bergen ins

Tal getrieben werden. Ich riss die Fotos vom Mann im roten Hemd aus Zeitschriften heraus und beklebte die Schulordner mit meinem lassodrehenden Idol. Wenn im Kino die Marlboro-Werbung auf der Leinwand lief – das heißt, wenn ich ins Kino ging, um die Marlboro-Werbung zu sehen –, bekam ich immer Gänsehaut. Und bis heute, wenn ich Filmszenen mit freilaufenden Mustangs sehe, wird meine Kehle eng, und an meinen Unterarmen stellen sich die Härchen auf.

Diese Werbung traf mich mitten ins Herz. Heute weiß ich, dass es auch andere Menschen gab, die dieses Gefühl, alles hinter sich lassen zu wollen und in die Prärie zu reiten, mit mir geteilt hätten. John Ford zum Beispiel, der große Regisseur zahlreicher Westernfilme, hat einmal gesagt, dass jeder Mensch einen Fluchtkomplex hat. Also, auf mich trifft das in jedem Fall zu.

Ich brauchte nur den Cowboy im Staub zu sehen, wie er sich, an der Scheunentür lehnend, eine Zigarette anzündet, ein Pferd sattelt, in die Ferne blickend unter der Hitze der texanischen Sonne steht oder am Lagerfeuer sitzt, und ich konnte den Staub riechen, den Schweiß in seinen Lederhandschuhen auf meiner Zunge schmecken. So sehr konnte ich mich in die Welt des Marlboro-Mannes hineinversetzen, dass ich, ohne es zu merken, wurde wie er.

Ich wollte zwar kein Held werden – ich wollte es lediglich schaffen, so eng wie möglich an der Natur zu leben: Ich wollte ein tapferes und einfaches Leben führen. Und so überkam mich die Sehnsucht. Bald war ich übervoll von ihr.

Voller Vorfreude erwartete ich Western, die im Fernseher angekündigt wurden. Ich nahm sie auf Videokassette auf und sah sie vier, fünf Mal. Tief und tiefer versank ich in der

Vorstellung eines Lebens als Außenseiter im Wilden Westen. Ich stellte mir vor, die Schwester der Hauptfigur zu sein, und konnte die Trauer fühlen, wenn der blauäugige Held im Duell oder bei einem Faustkampf in einer Bar erschossen oder zu Tode geprügelt wurde.

Bis spät in die Nacht las ich in Büchern, die von einem wortkargen Cowboy erzählten, der wilde Pferde zähmen konnte, und tauchte mit all meinen Sinnen in seine lederne, nach Tabak und Pferdeschweiß riechende Welt ein. Ich wollte auch rebellisch und einsam sein und nachts zu Pferd einen Fluss überqueren, um nach Mexiko zu reiten. Ich wollte es so sehr, dass ich extra langsam las, um von dem Buch möglichst lange etwas zu haben.

Irgendwann halfen auch keine Bücher mehr, in deren Geschichten ich mich hineinträumen konnte, keine Filme, deren Bilder und Handlungen diesen Schmerz stillten, irgendwann half auch kein Schreiben mehr. Ich begann zu suchen. Meine Suche nach der Identität des Cowboys führte mich nach Argentinien, Amerika und Kanada. Nach Bariloche, Wyoming, Arizona und Montana, nach Turner Valley in Alberta, Kanada.

In Argentinien sah ich mit vierzehn zum ersten Mal unbegrenztes Land; ohne Hochspannungsleitungen, Dorfgrenzen, Eisenbahnschienen, Autobahnkreuze oder emporragendes Gebirge, so, wie es in der Schweiz üblich war.

In Wyoming trieb ich drei Jahre später auf einem Palomino die Rinder durchs Tal, saß bei Sonnenuntergang auf einem Schaukelstuhl auf der Veranda und schaute den Pferden beim Grasen zu, kaufte mir meinen ersten Stetson-Cowboyhut in Jackson Hole.

Dann zog ich nach Berlin. Ich vermisste mein Pferd, das ich in der Schweiz gehabt hatte.

Reiten – das war die einzige Verbindung zum Cowboysein, die ich hatte. Nach zwei Jahren und meinem bestandenen Abitur bekam ich die Möglichkeit, mein Pferd in einem Stall in Berlin unterzubringen. So konnte ich mich wenigstens um mein Pferd kümmern, im Grunewald reiten gehen und Unterricht nehmen. Im Stall roch es süßlich nach Pferdeschweiß, da kam Dreck zwischen meine Fingernägel, wenn ich die Hufe auskratzte, Mähne und Schweif bürstete und striegelte. Reiten klärte meinen Kopf, und es stillte meine Sehnsucht – zumindest für ein paar Stunden.

Ich war fünfundzwanzig, als ich im Dezember zehn Tage nach Arizona reiste. Dort zog es mich gar nicht unbedingt wegen des Cowboys hin; meine Großtante wohnte in Phoenix, und ich hatte ihr schon lange versprochen, sie zu besuchen. Der Besuch bei meiner Großtante nahm nur einen Nachmittag und viele davor geführte Telefonate in Anspruch. Den Rest der Zeit verbrachte ich mit der Suche nach dem Mittel, das meine Sehnsucht stillte.

Und dann kam der Tag, an dem ich auf einem Wüsten-Highway in einem brandneuen, glänzend roten Cabriolet meinen allerersten Countrysong hörte – und eine Offenbarung erlebte.

5

Als ich zwei Wochen vor Weihnachten in Phoenix, Arizona, ankam und nach Tucson fuhr, wo ich ein Ferienhaus gemietet hatte, stand ein Regenbogen am Himmel, und dicke schwarz-graue Wolken hingen über den schneebedeckten Berggipfeln der Catalina Mountains.

Fast täglich sah ich Regenbogen, da es morgens manchmal in Strömen regnete und mittags dann, während sich der Regen verzog, die Sonne durchbrach.

Ich wollte vor allem wandern und die Landschaft erkunden. Reitsachen hatte ich nicht mitgebracht, da die Touristen-Ritte immer tödlich langweilig waren und ich es darauf anlegte, entweder einen Geheimtipp zu bekommen oder gar nicht zu reiten. Stattdessen bestieg ich den Picacho Peak und sah über die platte, bedingungslose Weite einer Wüste. In einem Restaurant hörte ich vom Old Gecko Trail, und so beschloss ich, am nächsten Tag auch dort zu wandern. Es war Zufall, dass ich dabei Tina, ein Ex-Model Mitte vierzig, kennenlernte. Ich schloss auf dem Pfad zu ihr auf, und wir kamen ins Gespräch. Sie machte, wie sie selbst sagte, »Cardio-Workout«, hatte sehr blonde Haare, und ihre Lippen waren sehr voll, womöglich aufgespritzt.

Tina war gute Gesellschaft für mich. Sie war ganz unbedarft und sehr freundlich; wir lachten viel. Sie lebte mit ihrem dritten Mann Fred in einer Siedlung, die gar nicht weit von meinem Ferienhaus entfernt lag. Sie erzählte mir von den wilden Mustangs, die hier in den Catalina Mountains lebten und um 1900 von der Südstaaten-Armee freigelassen wurden. Sie wusste auch, dass die majestätischen

Kakteen mit den dicken Stämmen und Ästen nur in Arizona wuchsen. Ich lauschte und hörte, wie schauerlich der Wind durch ihre Tausenden von Nadeln pfiff. Als wir nach vier Stunden zum Parkplatz zurückkehrten, färbten sich die Berge bereits rot, und der Himmel leuchtete zum Ende des Tages orange-gelb.

Wir verabredeten uns für einen Ausflug zu *Cowtown Boots*, da ich mir unbedingt Cowboystiefel besorgen wollte.

Und so saß ich am nächsten Vormittag auf dem Weg zum Stiefelgeschäft neben Tina in ihrem roten Cabriolet. Tinas blonde Haare wehten im Wind, und im Radio lief *She Thinks My Tractor's Sexy*.

»Ich mag die Geschichten der Countrysongs so sehr«, sagte sie. »In Palm Springs – wo ich mit meinem letzten Mann lebte – musste ich immer Rock hören. Er mochte keinen Country. Hier, kennst du den Song?« Sie spielte *Beer For My Horses,* und das, genau das war der Moment, als auch ich begann, ein Countrymusik-Fan zu werden.

Grandpappy told my pappy, back in my day, son
A man had to answer for the wicked that he done.

Tina parkte das Cabrio zwischen gelben Linien eines riesigen Parkplatzes vor dem Geschäft. Das Radio ging aus, doch die Worte des Songs klangen weiter in meinen Ohren:

Take all the rope in Texas
Find a tall oak tree, round up all them bad boys
Hang them high in the street for all the people to see.

Wir betraten den Laden, über dessen Eingang ein Büffelschädel und ein paar in der Sonne glitzernde Boots hingen.

Mir gingen die Augen über, als ich die Auswahl an Stiefeln sah. Es gab sie aus Klapperschlangen-, Python-, Kuh- und Krokodilleder, es gab sie in Pink und Gold, in Schwarz und Weiß. Manche waren aufwendig verziert, manche recht robust. Sie hatten eckige, spitze und runde Zehen, kurze oder lange Schäfte, flache, gerade und hohe, schräge Absätze. Jeder Stiefel hatte seinen eigenen Zweck, seinen eigenen Namen. Ich fühlte mich wie im Himmel, wusste gar nicht, wo anfangen. Tinas Geschmack war wesentlich verrückter als meiner, aber sie meinte, im Saloon müsste man mit den Dingern schon auffallen.

Von diesem Tag an trug ich nicht nur ein dunkelrotes Paar *Justin*-Stiefel, ich hörte auch Hank Williams, Kenny Rogers, George Jones, Tex Ritter, Frankie Laine und Patsy Cline und verstand. Sie sangen von den Dingen, die mich berührten: Freiheit, Liebe, Einsamkeit, dem Wandern, dem Verlassen. Tom T. Hall sang von Schweinen, andere sangen von Pferden oder von dem Gesang der »Whippoorwill« – der Nachtschwalbe –, wieder andere von Hunden und Hühnern. Vom Wein und vom Whiskey sangen sie natürlich auch.

Tina meinte, sie habe eine ganze Sammlung von alten Country-CDs zu Hause und ich solle sie doch besuchen. Ich freute mich sehr und nahm ihre Einladung gerne an.

Das Haus – das von außen aussah wie alle anderen Häuser in der Siedlung – war terracottarot und aus dicken Wänden gebaut, die helle, gepflasterte Einfahrt und die schmiedeeisernen Verzierungen an Tür und Fenstern sahen sehr mexikanisch aus.

Tinas Mann Fred öffnete mir in Shorts und einem weißen Dinnerjacket die Tür. Ich schmunzelte, denn er hatte auch die Socken bis über die Waden hochgezogen. »Kein

Cowboy – eher Miami Vice«, dachte ich und fragte mich, ob Fred auch auf Rock stand. Fred begrüßte mich herzlich und fing gleich an, viel zu reden. Tina trug ihre Boots – ich ebenso.

Ich setzte mich an die Küchenbar, bekam von Fred einen Drink serviert und wurde auf die afrikanische Einrichtung aufmerksam gemacht. Tina erklärte mir, dass sie alles aus Florida mitgebracht habe und in Palm Springs eben alle afrikanisch eingerichtet seien.

Dann fielen mir zwei motorradfahrende Bulldoggen aus Porzellan auf, die neben dem Gasherd standen und offensichtlich nicht zum afrikanischen Stil passten. Es stellte sich heraus, dass Tina darin die Asche ihrer verstorbenen Rottweiler aufbewahrte. Ich fand das außergewöhnlich, aber Tina erwähnte es, als habe jeder Mensch die Asche seiner Hunde neben dem Herd.

Zum Abendbrot gab es Fisch. Wir unterhielten uns über die schmerzhaften Folgen von Freds Schulteroperation und darüber, wie teuer ein Burger und eine Cola in Deutschland waren.

Gegen Mitternacht verließ ich die beiden. Wir schauten noch gemeinsam in den unglaublich tiefen Sternenhimmel, und dann war ich wieder alleine in Arizona. Tiefgründig war mein Besuch bei Tina und Fred nicht gewesen, aber es hatte mir gutgetan, mit Menschen zusammen zu sein, die ganz offenbar nicht so über das Leben nachgrübelten, wie ich es tat. Es musste nicht immer komplex und schwierig sein. Countrymusik und die Leichtigkeit des Seins – eine Mischung, die mir in dieser Weite Amerikas guttat.

Auch in die Navajo Nation Reservation, die sieben Stunden nördlich lag, verschlug es mich. An der Kante eines Ausläufers des Grand Canyons sitzend, schmiss ich Steine in den Abgrund und stellte mir vor, von Indianern entführt zu werden und niemals mehr zu den Weißen zurückkehren zu müssen, sondern das Jagen und Bogenschießen zu lernen. Hier draußen fühlte ich mich Gott sehr nahe. In Berlin fühlte ich mich nichts und niemandem nahe.

Den ganzen Tag hätte ich dort an der Kante sitzen bleiben können, aber irgendwann stand ich auf und lief zum Auto zurück – weit und breit kein Indianer.

An meinem letzten Abend ging ich mit Tina und Fred in ein Honky Tonk. Fred brachte mir den *Two Step* bei – wir müssen unter den stolzen Männern, die Hüte und glitzernde *Trophy Buckles* trugen, ein sonderbares Bild abgegeben haben. Aber wir amüsierten uns, und mit Tina am Tisch und an meinem Bier nippend, verfolgte ich voller Neid die

langhaarigen, muskulösen und strahlenden Frauen mit meinen Blicken, während sie übers Parkett glitten.

Das war Freitag, am Samstag sollte ich meine Rückreise antreten, und mir war gar nicht danach. Ich fuhr zu *Barnes & Noble,* der in einer Shopping Mall in Tucson lag, um mir für die Rückreise einen Western zu kaufen.

Da sah ich den ersten richtigen, lebendigen Cowboy. Er war nicht auf ein Plakat gedruckt, sondern stand an der Kasse, um sich nach einem Buch zu erkundigen. Mit der

Verkäuferin führte er ein brummendes Gespräch. Es war ein älterer Mann, der ganz und gar von einem braunen, knöchellangen Regenmantel eingehüllt war. Wenn er ein, zwei Schritte machte, hörte man die Sporen an seinen schweren Stiefeln klingen, und dann sah ich, dass an den Hacken der nasse Sand in einer dicken Schicht angetrocknet war. Er trug einen abgewetzten Regenhut mit schlaffer Krempe und schulterlanges, weißes Haar. Ungläubig muss ich ihn angesehen haben. Es gab sie wirklich, die Cowboys! Der alte Mann drehte sich unvermittelt nach mir um. Er hatte wirklich tiefe Falten unter den Augen, und ich sah den großen, prachtvollen Schnauzbart über seiner Oberlippe. Es war der Marlboro-Mann in Fleisch und Blut. Hier stand er, vermutlich kaute er auch Tabak, und, ja, er kam aus dem Staub der Prärie! Dass solche echten Cowboys existierten, war eben doch kein verrückter Traum, das Hirngespinst eines Mädchens aus dem Schweizer Alpenland. Es gab ihn wirklich, und er besorgte sich vermutlich ein Buch, um es bei Speck, Bohnen und Kaffee am Lagerfeuer zu lesen, während nachts die Rinder seines Bosses in einer Senke am Fluss weideten.

In dem Moment wusste ich, dass ich keinem verrückten Traum hinterherjagte; es gab meine Idole wirklich – und ich wollte einer von ihnen werden.

6

Ich verließ Arizona nach zehn Tagen. Die Fluggesellschaft katapultierte mich mit einer Boeing 747 in nur wenigen Stunden nach Deutschland zurück. In einer Postkutsche hätte ich wenigstens noch über die Schulter zurückschauen können, doch nach zwölf Stunden in der Luft landete ich wieder in Berlin, Lichtjahre von dem Traum, als Cowboy auf einer Ranch zu leben, entfernt.

In Berlin war ich wieder eine einsame, junge Frau auf einer nicht enden wollenden Reise. Ich schrieb an meinem zweiten Buch, einem Künstlerroman, und dachte darüber nach, wie ich mir mein Leben in Berlin einrichten sollte – und auch darüber, was die Zukunft hier für mich bereithielt.

Wie sähe langfristig mein Leben als Schriftstellerin in Berlin aus? Würde ich Pflanzen in Blumentöpfen auf dem Balkon herumstehen haben und Kartoffeln im Hinterhofgarten, um mich zu erden? Würde ich auch Bienen auf dem Dach halten, weil das intellektuell war? Sicher würde ich umgeben von ganz vielen Büchern leben, und wenn ich nicht gerade an einem eigenen Werk schrieb, würde ich vielleicht Vorträge halten oder Intellektuelle zum Salon einladen. Ich würde schon mittags Rotwein trinken und sehr viel reden.

Und nach vielen, vielen Jahren, wenn ich im Rollstuhl säße und kurz davor wäre, an einer tödlichen Krankheit zu sterben, würde man mir einen Preis verleihen – und erst dann, erst dann würde man meine Bücher in einer deutschen Literaturhandlung ins Schaufenster stellen.

Mein Berlin-Gefühl veränderte sich also von dem großen Rausch, all den Möglichkeiten, die ich anfangs für mich in dieser Stadt gesehen hatte, in etwas Vanitatisches. Würde ich so hier mein Leben verbringen – und das war es dann?

Obwohl ich mir all diese Fragen stellte, setzte ich die Arbeit an meinem zweiten Buch fort und lebte »Berlin« wieder, so gut ich konnte. Ich hatte zwar diese Sehnsucht nach Amerika, aber die hätte ich überall auf der Welt gehabt, das lag nicht an Berlin, das lag an mir.

Und so passierte mein Leben weiter, Tag für Tag. Ich fühlte mich dem Schreiben verpflichtet. Bald vergaß ich den Cowboy aus dem Buchladen in Arizona. Meine Cowboyboots ließen sich in Berlin nicht tragen – sie sahen hier einfach komisch aus, und auf dem harten Pflaster schmerzten mir darin die Füße. Nur eines blieb mir: die Countrymusik. Und mit ihr die *Burning Memories*. Ich fand mein Schicksal in den Songs wieder.

Wenn ich um sechs Uhr früh in die Küche kam, hörte ich Country: Gram Parsons, Waylon Jennings, David Allan Coe, Johnny Paycheck – die Outlaws aus der großen weiten Welt mit ihren wilden Herzen. Beim Schreiben und im Auto hörte ich Ray Charles und den Country der Rolling Stones. Erinnerungen aus Arizona kamen mir in den Sinn, ich versuchte das Gefühl nachzuempfinden, das mich bei der absoluten Ruhe mitten in den Bergen überkommen hatte. Beim Klang der Violinen, der heiseren Gitarren sah ich das, was ich mir unter dem alten Westen vorstellte: eine Pappel, ein Lasso, ein Schießeisen und einen Krug voll Whiskey.

2007, einen Tag vor Weihnachten, lernte ich einen Förster aus Friedrichshain kennen. Es passierte in einem Tanzhaus.

Er hatte blondes Haar, war so jung wie ich und hieß Thomas. Er trug ein weißes Hemd, und als ich ihn fragte, was er mache, antwortete er: »Ich fälle Bäume.«

Mir blieb der Mund offen stehen, und ich rief: »Was?« Es war ein »Was?« der Entzückung.

Wir tanzten. Ich schrieb ihm meine Nummer auf einen Zettel und beschloss, Weihnachten in Berlin zu bleiben. Ich wartete auf Thomas' Anruf.

Am 4. Januar stand er mit einem Korb voll mit Gemüse, Wein, Möhren mit Grün, Orangen, Brot, Bohnen, Speck, Senf und Ketchup vor meiner Tür. Er sagte, er habe einen Western mitgebracht und würde Baked Beans dazu kochen. Mir stockte der Atem. Ich liebte Westernfilme! Wir standen gemeinsam am Herd, kochten, schnitten die Möhren, Zwiebeln und Paprika klein, und ich stolperte über jedes Wort, war so aufgeregt, dass ich keine Geschichte stringent zu Ende erzählen konnte.

Während der Film lief und wir das Brot in die Bohnen tunkten, schossen mir tausend Dinge durch den Kopf. Thomas erzählte vom Entenjagen in Schweden. Wir drückten auf »Pause«, sprachen über offene Feuer und die guten Seiten des Winters wie Suppen, Eisfischen und die langen Abende, an denen man Western gucken konnte, und ließen den Film dann weiterlaufen.

Thomas gab mir keine Ratschläge, er redete auch nicht von Büchern, Generälen oder Politik wie so mancher anderer oder davon, wie toll es sei, in Berlin zu leben. Er stellte viele Fragen, und ich hatte das Gefühl, dass er einfach völlig unkompliziert war und mir nichts beweisen musste.

Wir rauchten Lucky Strikes auf dem Balkon und berührten uns nicht. Er ging nach Hause. Ich blieb, wo ich war.

Ein paar Tage später gingen wir mit seinem Hund bei scheußlichem Wetter im Schlosspark Glienicke spazieren. Auf dem Weg dorthin hörten wir eine CD der Countryband *Nashville Riders*. Er mochte Countrymusik! Ich war schlicht hingerissen.

Im Park leinte Thomas seinen hechelnden, ziehenden und zerrenden Terrier an. »Lass ihn laufen«, sagte ich, und Thomas ließ ihn von der Leine. Auch etwas, das man in Berlin einfach so hinnimmt: den Leinenzwang für Hunde. Just in dem Moment, als der Terrier von der Leine war, stob eine Wildsau aus dem Dickicht, und der Terrier raste mit lautem Geheule hinterher und ward nicht mehr gesehen. »In solchen Momenten macht der Leinenzwang schon Sinn«, dachte ich.

Wir blieben stehen, und Thomas pfiff und rief, doch alles war auf einmal stumm.

Zweieinhalb Stunden standen wir im kalten Regen unter den nackten Baumästen, die sich schwarz gegen den weißen Himmel abzeichneten, und warteten auf das Gejaule des Hundes. Thomas nahm es ganz gelassen, obwohl er sich Gedanken machte, wo der Hund hingelaufen sein könnte. Ich jedoch fand es deprimierend, bei dem Wetter auf einen entlaufenen Hund zu warten. Als es dunkelte, ließ Thomas sein kariertes Flanellhemd am Wegrand liegen, und wir gingen zum Wagen zurück. Zu Hause suchte er die Nummer der zuständigen Polizeiwache im Internet, rief dort an – und höre da: Das Tier lag zu Füßen eines Beamten an der Heizung und schlief. Wir fielen uns um den Hals, und dann sagte Thomas: »Ich muss eben auf Toilette, um zu weinen.«

An jenem Abend schenkte ich Thomas mein erstes Gedicht. Er gestand, noch nie ein Gedicht geschenkt bekommen zu haben, und ich gestand, noch nie eines geschrieben zu haben.

Nach dem Tag ging das Warten los. Ich tigerte um mein Telefon herum, wartete auf Textnachrichten oder Anrufe von Thomas und wurde sehr ungeduldig. Doch schließlich verabredeten wir uns, um Weihnachtsplätzchen auszutauschen und essen zu gehen.

Wenn mich nun die Verkäufer im Gemüseladen unten an der Straße fragten, wie es mir ginge, antwortete ich strahlend: »Sehr gut! Es geht mir sehr gut!«

Dann lud Thomas mich an einem Samstag auf die Jagd ein, und das fand ich furchtbar aufregend.

Es war ein eiskalter, dunkler Morgen, an dem er mich um 6.30 Uhr morgens mit einer Thermoskanne heißem Kaffee abholte. Wir fuhren Richtung Leipzig. Irgendwo bei dem Maschinenpark eines Tagebauwerks trafen wir auf eine Truppe waldgrün gekleideter Männer mit leuchtorangenen Hutbändern. Sie standen in einem großen Kreis, und einer von ihnen hielt eine Ansprache. Dann wurde das Horn geblasen. In Kolonne fuhren wir zum Jagdgebiet. Thomas und ich kletterten auf unseren Hochsitz, am Himmel kündigte sich grau-weiß die Morgendämmerung an. Thomas hatte sein Gewehr dabei. Ich Taschentücher.

Den Vormittag über saßen wir auf der Lauer, erzählten einander im Flüsterton Geschichten, und ich fror bitterlich. Unter uns hetzten und jaulten die geifernden Hunde auf den Fährten des Damwilds. Hinter ihnen im blonden Dickicht der jungen Fichten die stampfenden, rufenden und pfeifenden Treiber. Wir sahen Wild, doch Thomas schoss nichts. Wenn die Treiber anderswo waren, war es schön ruhig auf dem Hochsitz, der Wind pfiff, und die Kälte kroch mir unter die Haut. Als es endlich zwölf Uhr mittags war, kletterten wir wieder vom Hochsitz runter und fuhren zum Streckenplatz. Gulasch schmorte in einem großen Topf über dem offenen Feuer. Drumherum Männer mit Blut an den Händen, der eine hatte eine Sau auf der Schulter, Würste lagen auf dem Grillrost, Schnapsflaschen standen auf einem Klapptisch. Das Feuer wärmte meine Waden. Ich schlürfte heißen Kaffee, und nach und nach kamen alle mit ihren geschossenen Tieren an und legten sie nieder ins trockene Gras. Sauber ausgenommen, aus dem Bauch dampfend und mit einer tiefroten Spur im strahlend weißen Bauchfell, lagen sie seitlich auf der Erde. Zwei Füchse, vier Rehkitze, drei Säue und vier Damhirsche lagen da. Die Hunde steckten gierig und lechzend ihre Schnauzen bis zum Hals zwischen das hohle Gerippe einer Wildsau, um noch zu kriegen, was mit dem Messer nicht sauber rausgeschnitten worden war. Einige Männer schimpften darüber und traten die Hunde mit Füßen weg. Dann rückten sie alle näher ans Feuer. Der eine hatte seine Kippe zwischen den blutverschmierten Fingern und ein Bier in der Hand. Herbes Gelächter, ein gleichmäßiges, rauhes Erzählen am Feuer, mal wies einer brüllend seinen Hund zurecht, mal gingen welche zu fünft die Strecke entlang. Ich löffelte fettes Gulasch aus einer Plastikschüssel und schwieg, während mir Thomas den sauberen Schuss an einem Damwild erklärte. Dabei strich er dem Tier über das dicke, borstige und doch fließende Fell. Ein schwarz-rotes ovales Loch klaffte zwischen Schulterblatt und Rumpf. Ins Maul gestopft waren grüne Zweige als letztes Geleit auf dem Weg in die ewigen Jagdgründe. Bald wurden die Hörner geblasen, die Schützen geehrt und die Füchse unters Gestrüpp gekehrt – die wollte keiner haben.

Auf dem Rückweg nach Berlin sank die Wintersonne, unsere Kleidung roch nach Feuer und Gulasch. In Charlottenburg schulterte Thomas seine Jagdtasche, und wir kehrten mit dem erschöpften Hund in meiner Wohnung ein. Ich kochte Tee, und wir setzten uns aufs Sofa. Wir saßen nah beieinander, dann wieder weiter auseinander.

Nach einer Ewigkeit fragte Thomas: »Darf ich dich küssen?«

Ohne zu antworten, küsste ich ihn.

Um halb sechs erwachte ich. Thomas lag neben mir. Er machte mir einen Milchkaffee und ging um sieben zur Arbeit in den Forst. Ich blieb in der Wohnung. Doch lange hielt ich es dort nicht aus, und so fuhr ich wie fast jeden Tag, wenn ich nicht zum Stall fuhr, um zu reiten, an die Havel und lief am Wasser entlang.

Am 24. Januar war Thomas wieder auf einer Jagd in der Uckermark, und ich saß am Schreibtisch. Er schoss, ich schrieb. Er zielte, ich glaubte mit jedem Wort zu verfehlen. Er ging über Felder den Fährten hinterher, ich saß am Computer und dichtete, und wenn mir nichts mehr einfiel, skizzierte und malte ich Indianerporträts oder Landschaften. Ich ging zum Stall und ritt oder zur Havel und spazierte am Wasser entlang. Dort war alles, was es für mich zu sehen gab, das Wasser und das andere Ufer. Immerhin. Ich hörte die Enten, musste Mountainbikern in hautenger Kleidung ausweichen – sonst war es immer still und einsam dort.

Ich liebte Thomas. Er arbeitete im Berliner Forst, mochte Countrymusik, Westernfilme und jagte. In meinen verliebten Augen konnte ich dem Cowboy in Deutschland gar nicht näher kommen. Ich wollte ihn halten. Man sagte mir, ich sähe anders aus, und fragte, ob das an meinem neuen Freund läge.

Ja! Ich liebe ihn!

Aber ich weiß nicht, warum aus mir und Thomas nichts wurde. Sicherlich lag es nicht daran, dass er keine Unterhosen trug und sich als Papa seines Hundes bezeichnete. Es war sicherlich auch nicht, weil er Kartoffel-Lauch-Suppe kochte, von der ich achtundvierzig Stunden lang Bauchkrämpfe bekam. Nein, ich war einfach dumm und wusste nichts von Liebe. Einmal sagte er mir, er fände es seltsam, dass ich immer Zeit hätte.

Ich kann mich erinnern, dass ich mich in seiner Friedrichshainer Wohnung und mit seinen Mitbewohnern unwohl fühlte. Es war eben doch keine Ranch, und vielleicht erinnerte mich Thomas' Wohnsituation an die Studentenzeit, die ich in meinem Leben komplett ausgelassen hatte. Ich war innerlich verkümmert, doch äußerlich war ich in meinem Leben schon den Schritt weiter und wollte nicht mehr zurück. Mir wurde klar, dass Thomas und ich nicht zusammenpassten.

Thomas war ehrlich mit sich. Aber ich war nicht ehrlich mit mir. Thomas hätte mich niemals retten können.

Ich brach die Sache wenige Monate später ab und war mal wieder, während der Frühling herannahte, alleine in Berlin.

7

Es verging ein Jahr. Ich schrieb an meinem Künstlerroman und verbrachte viel Zeit damit, gänzlich in das Leben und Schaffen von Goya, Klimt, Velázquez, Delacroix und de Kooning einzutauchen. Ich empfand große Genugtuung in der Auseinandersetzung mit der Vergänglichkeit, dem Wahnsinn, der hartnäckigen, fast selbstzerstörerischen Suche nach dem Sinn der künstlerischen Tätigkeit. Ich arbeitete mich ab, flog den Kunstmessen hinterher und ließ mich von den Menschen durchdringen. Glück war dabei eine stumpfe Empfindung geworden. Ich war gehetzt, ich war getrieben von der Angst, mein zweites Buch niemals zu Ende bringen zu können. Außer meinen Büchern konnte ich nichts vorweisen, das in den Wertvorstellungen der Gesellschaft anerkannt worden wäre. Zufrieden war ich dabei stets nur im Moment, und wohl fühlte ich mich nur, weil ich glaubte, mich für die Kunst zu opfern, so, wie es *alle* Künstler taten. Ich dachte nicht ans Glück, die Stadt erlaubte mir keine solch romantischen Hintergedanken. Ich verstrickte mich in unglückliche Beziehungen mit Herzensbrechern. Mein eigenes Unglück verleitete mich dazu, bei dem falschen Lächeln eines Mannes neue Hoffnung zu schöpfen. Ich schien die bitteren Küsse zu brauchen, um die sehnsüchtigen Rufe nach einem ganz anderen Leben zum Schweigen zu bringen.

Es wurde Sommer. Und ich hatte das Gefühl, Berlin dringend verlassen zu müssen, um von all den für mich schädlichen Gelüsten und Versuchungen wegzukommen. Die Angst zu versagen, die mich so sehr umtrieb, verleitete mich zu sehr und machte mich schutzlos. Und auch wenn ich vielen Menschen begegnete, blieb ich doch einsam und seltsam unbehaust. Ich war jemand geworden, ohne jemand zu sein. Ich reiste also mit meinem Manuskript nach Vermont auf die Farm, auf die ich mich zeitlebens gerettet hatte, wenn ich mich verloren fühlte.

Vermont war das totale Gegenteil Berlins. Vermont forderte nichts von mir, und Vermont war es völlig egal, ob ich mich für irgendetwas aufopferte. Selbst die Konturlinien seines Horizontes waren so sanft, dass ich mich niemals daran hätte schneiden können. In den Wäldern empfand ich die Güte eines größeren Ganzen, da gab es etwas, das mich so, wie ich war, einlud, mich auszuruhen. Die Menschen waren viel zu sehr mit dem Wechsel der Jahreszeiten beschäftigt, um sich darum zu scheren, was mich so hetzte. Sie begegneten mir immer mit einem Lächeln, und sie fuhren verdreckte Fahrzeuge mit tief profilierten Reifen.

Das städtische Getöse in mir erstarb, und ich stieg mehr und mehr in mein Element ein. Mein Leben war geschmückt mit weidenden Schafen auf den Wiesen, es war erfüllt von Geräuschen: vom Brummen der Hummeln, vom zarten Gesang der Vögel und vom Plätschern des Wasserfalls. In Vermont begann mein Tag an der frischen Luft, im Dunst des frühen Morgens. Ich ritt durch den Wald, kam an Lichtungen mit einer Aussicht über die grünen Berge, ich sprang mit dem Pferd über Bäche. Ich durchstreifte den Wald und bewunderte die Licht- und Schattenspiele, atmete die lieblichen Gerüche. Auf einmal liebte ich mein Leben wieder. Ich konnte mir nicht erklären, wie zur Hölle ich es in Berlin aushielt.

Wenn ich draußen war, sah ich fasziniert zu den Wolken hoch oder beobachtete die Wasseroberfläche des Teichs, aus dem die Forellen sprangen.

Ich fühlte mich sehr wohl. Meine Tage empfand ich als glückliche Tage, und von irgendwoher schöpfte ich wieder Hoffnung, irgendwann so und nur so leben zu können. Diese Hoffnung verband mich wieder mit meiner Sehnsucht. Ich half auf der Farm, Zäune der Schafweiden auszubessern, ging zum Tontaubenschießen und schlenderte lange Stunden durch den Wald, ritt die Pferde und ging abends in die kleine Bar, in der mittwochs immer *Open Mike Night* war. Ich wurde mir meiner selbst wieder sehr bewusst, stieg aus dem Nebel der Selbstzweifel und sah auf einmal wieder, was mir guttat und mich heilte. Ich schrieb weiter an meinem Roman. Und parallel begann ich, Material für ein neues Buch zusammenzusuchen, denn ich hatte eine neue Passion: die Geschichte der Pioniere, die einst Amerika erschlossen hatten. In einem Antiquariat im Dorf fand ich ein dickes, vergilbtes Buch über die Reise auf dem Oregon Trail quer durch Amerika von Kansas nach Oregon. Fasziniert verschlang ich es und wollte danach unbedingt mehr über die Pioniere wissen. Ich projizierte meinen eigenen Traum, irgendwo neues Land abzustecken, mich irgendwo anzusiedeln, wo ich von ganz vorn anfangen konnte, auf diese Menschen. Das Sammeln von Büchern über die Erschließung des »Wilden Westens« verband mich mit dem Selbst, in dem ich mich wiedererkannte.

Eines Tages, als die Farm im Grillenzirpen des späten Nachmittages lag, schlenderte ich zum Stall hoch. Dort stand nur noch ein schwarzer Pick-up. Der war mir noch nie aufgefallen und konnte um diese Uhrzeit nur das Fahrzeug des Tierarztes oder vielleicht des Hufschmiedes sein. Ich zögerte erst, in den Stall zu gehen, da mir nicht nach Reden war. Aber ich konnte auch nicht umdrehen; was, wenn der Besuch mich schon gesehen hatte? Ich ging also zu den Boxen und grüßte in den vom Gegenlicht schwarzen Gang des Stalls.

»*Hi, what's up?*«, sagte ich etwas zögerlich. Die Antwort aus dem Dunkeln klang, als sei ich ein alter Buddy aus Kindheitstagen. »*Hey, how are you doing?*«

Ich ging bis zum Ende der Stallgasse ins Licht und stellte mich vor. Der Schmied hieß Jack und konnte nicht sehr viel älter sein als ich. Das fand ich irgendwie ungewöhnlich. Normalerweise war ein Hufschmied ein alter, von der Arbeit geknechteter Griesgram. Jack aber strahlte mich an. Mir fiel auf, dass er staubige Cowboyboots trug, dazu Jeans, ein kariertes Hemd, ein Bandana und seine abgewetzten Arbeitschaps, die sahen wie eine Lederschürze aus, wurden aber um die Hüfte getragen und mit drei Schnallen am Oberschenkel um jedes Bein befestigt. Wir unterhielten uns über die Pferde – redeten einfach so dahin über Cowboys und Amerika.

Doch irgendwann beendete ich das Gespräch, ich wollte nicht aufdringlich sein, und womöglich war ich auch etwas schüchtern. Unverbindlich verabschiedete ich mich von ihm.

Am nächsten Morgen, als ich eines der Pferde putzte, fand ich in der Putzkiste einen Hufauskratzer. Er war auf einer Stahlbürste befestigt und aus einem halben alten Eisen geschmiedet, mit einem Pferdekopf am einen Ende. Der Kopf war fein gearbeitet, hatte Nüstern, Augen, ein Ohr, und sogar die Strähnen einer Mähne waren zu erkennen. Ich betrachtete ihn lange, da ich so was noch nie gesehen hatte. Dann fragte ich das junge Mädchen, das im Stall oft aushalf, woher der Auskratzer käme. Sie sagte, er sei vom Hufschmied: »Jack macht ständig solche Sachen.« Ich betrachtete das kleine Kunstwerk und legte den Kratzer dann in den Putzkasten zurück. Gerührt und etwas beschämt darüber, dass ich mich so ohne weiteres von Jack verabschiedet hatte, sattelte ich mein Pferd.

Ich musste zurück nach Berlin, da ich mich meinem Roman verpflichtet fühlte und ihn zu Ende bringen wollte. Der Tag meiner Abreise kam nach acht Wochen der Glückseligkeit Ende August. Es war ein trauriger Tag für mich. Der Nebel hing tief. Ununterbrochen tropfte und knisterte der Tau in der Luft. Ich ging auf einen letzten Ausritt, nahm einen letzten Kaffee in der Sattelkammer, weinte ein bisschen und hoffte, im Herbst zurückkommen zu können. Ich packte meine Bücher und Notizen zu einem Roman über die Pioniere ein, den ich hier begonnen hatte, ohne zu wissen, dass ich eigentlich gerade meine eigene Auswanderergeschichte lebte und schrieb. Der Kontrast zwischen dem, was ich hasste, und dem, was ich liebte, wurde immer und immer größer, und es schmerzte, meine heile Welt in Vermont zu verlassen.

Abzureisen hieß, wieder in die autistische Stummheit der Großstadt einzutauchen.

8

Im September saß ich wieder im Berliner Caféhaus, trank Eiskaffee und las Henry David Thoreaus *Walden*. Vermont war sehr weit entfernt von hier. Die Großstadt war trocken und staubig. Die Menschen fuhren an den Wannsee, aßen zusammengepfercht auf den Bürgersteigen, tranken nachts auf Dachterrassen, gaben sich cool wie eh und je und hingen natürlich immer am Telefon. Statt in den Restaurants mit anderen Menschen in Anzügen und hochtoupierten Frisuren oder chic zerrissener Kleidung zu sitzen, fand ich in meinem Auswanderermaterial Originalrezepte für *Buttermilk Biscuits,* wie sie die Pioniere in den Kansas Plains über dem Feuer im *Dutch Oven* gebacken hatten. Ich ging nicht aus, blieb zu Hause und buk Biscuits zu meinem Kaffee. Ich bereitete *Son-of-a-bitch-Stew* zu, und vor dem Einschlafen las ich über den dramatischen Sieg der Indianer über die amerikanische Kavallerie in der Schlacht am Little Bighorn.

So verging ein gutes halbes Jahr. Dann endlich, im März 2009, erschien mein Künstlerroman. Ich konnte kaum glauben, dass ich die Hürde »zweites Buch« überwunden hatte. Ich wartete darauf, dass sich die Welt aufhörte zu drehen und ich nun in den Schriftstellerhimmel kam. Aber nichts davon geschah. Zwei Wochen vor Erscheinen wurde das Verlagshaus verkauft, und – so wurde es mir erklärt – der Vertrieb des gesamten Verlagsprogramms wurde eingestellt. Das hieß, mein Buch wurde zwar gedruckt, aber es war nicht in der Welt. Keiner las es, und die, die es lasen, vernichteten es.

Der Traum vom Schriftstellerhimmel zerplatzte. Ich blieb ich. Ich blieb die Tochter aus einer Familie, die mit Kaffee in Deutschland Geschichte geschrieben hatte. Ich blieb ein armes reiches Mädchen in einer fremden, großen Stadt.

Ich war ein Mensch, der nichts musste, von dem alle glaubten, er habe alles und könne sich mehr nicht wünschen. Ich war bitter enttäuscht und traurig – wie sollte ich jemals diesem Ich entkommen? Was war ich, wenn nicht Schriftstellerin oder Cowboy? Und meine ganze Berliner Identität beruhte auf dem Schreiben, ich musste trotz der Niederlage weitermachen. Schrieb ich nicht, ergab mein Leben in Berlin gar keinen Sinn.

Ich sah morgens keinen Grund mehr aufzustehen und verscheuchte seltene Besucher aus meiner Wohnung. Ich wollte weg aus Berlin, einfach nur weg. Zugleich sehnte ich mich nach der Natur, wollte die Erde mit meinen Fingern durchwühlen und Tiere um mich herum haben. Ach, wie sehr ich in Berlin die Natur vermisste! Es war schwer, einem anderen Deutschen zu beschreiben, wie es sich anfühlte, als Deutsche in diesem Land nicht zu Hause zu sein. Denn mir schien, dass keiner recht verstand, was das bedeutete, wenn ich versuchte zu erklären, dass ich nicht von hier war.

Nicht heimisch zu sein hieß, dass ich den Leuten, die heimisch waren, nicht in die Augen sehen konnte. Es hieß, dass wenn ich die Haustür aufschloss, sich nichts, aber auch gar nichts Freudiges in mir regte. Nicht von hier zu sein bedeutete, dass ich vergaß, Freundschaften zu pflegen, weil ich keine Versprechen halten wollte – in der Hoffnung, irgendwann weggehen zu können.

An einem Ort nicht zu Hause zu sein bedeutete für mich,

auf verbrannter Erde zu leben und niemanden zu haben, mit dem ich über sie hätte tanzen können. Aber wo war ich denn zu Hause? Nur die Natur bot mir Schutz, die Stadt symbolisierte für mich den Tod.

Was mich schließlich rettete, waren meine Notizen und Bücher über die Pionierzeit, die ich aus Vermont mitgebracht hatte. Ich vergrub mich in diese Zeit und überlegte, einen Pionierroman zu schreiben. Meine Figuren könnten Auswanderer aus Deutschland sein, die alles zurücklassen, um nach Amerika zu gehen. Sie würden in Briefen aus der Neuen Welt nach Hause berichten, vielleicht weiter in den Westen ziehen und Outlaws jagen. In diesem Buch würden die Männer in der Mühle arbeiten, auf Salzfleisch herumkauen und sich das Blut von den Fingern lecken.

Es entstanden Passagen wie diese:

Wir sahen auf den Sterbenden, und Sid sagte: »Never steal a hoss.« Blut sickerte in den Sand.
Als der Tischler mit seinem Gehilfen kam, hievten wir die Leichen auf seinen Wagen. »Und den hier«, sagte er, als ich den Schurken bei den Stiefeln packte und er ihm unter die Arme griff, »stelle ich in meinem Fenster aus.«
Wir legten die Leiche des Pferdediebs neben jene des Sheriffs und eines Jungen, nur deckten wir sie nicht zu. Der Tischler saß auf, zog die Toten am Kragen noch weiter auf die Ladefläche, nahm Peitsche und Zügel in die Hände und rief: »Come along, Fritz!«

Ich wollte mehr über die Pioniere, die Ur-Väter der europäischen Siedler in Amerika, wissen, und fand dabei den Brief eines deutschen Siedlers namens Wilhelm Stille, der von seinem neuen Leben in Amerika und seinen Plänen, gen Westen zu ziehen, berichtete. Der Brief war von 1836, und doch erkannte ich mich darin wieder.

Fasziniert spann ich die Geschichte um Wilhelm Stille weiter. Er lebte im Land, in dem es keinen Adel und keine Fürstentümer gab, er musste keinen Edelmann bewirtschaften, sondern war sein eigener Herr. Alle Siedler in Amerika waren gleich; das wurde der Grundstein des amerikanischen Freiheitsgefühls.

Wilhelm Stille hatte vor hundertachtzig Jahren die gleiche romantische Vorstellung gehabt wie ich: In Amerika braucht man nichts zu befürchten; einzig den Kampf mit der Natur musste man bestehen. Und hatte man sie glücklich besiegt, war man ein freier Mensch, der von den Früchten seines Fleißes leben konnte. Doch ich träumte immer noch und Wilhelm hatte den Schritt gewagt, war Tausende von Meilen weit gereist, war allen Gefahren einer Land- und Seereise bereits ausgesetzt gewesen, schwitzte Blut und Wasser für ein Leben in Freiheit.

Der Pioniergeist faszinierte mich. Ich las noch mehr Briefe, die mich tief berührten und die alle von dem hohen Preis erzählten, den das Leben in Amerika forderte.

Und sicher: Für manche wurde die Freiheit zum bösen Traum, doch keiner von ihnen wäre jemals zurück nach Deutschland gekehrt. Die Berichte und Auswandererführer, die Briefe und Geschichten aus der Neuen Welt halfen mir, allmählich zu mir selbst und meiner ursprünglichen Sehnsucht zurückzufinden. Ich bestellte mir lauter Bücher über die Auswanderer, fuhr nach Berlin-Mitte in die Bibliothek, um die Völkerwanderung durch den Mittleren Westen zu studieren. Ich las über die Pioniere, über die

Trapper, die Indianer – und irgendwann begann ich wieder zu schreiben.

Und es war die Schreiberei, die begann, mich im Prozess der Selbsterkennung wieder – ja, zum ersten Mal – zu mir selbst zurückzuführen.

Dass mich die Arbeit an meinem Western über einen weiten Umweg zurück zu meiner eigenen Geschichte führen würde, ahnte ich zu dem Zeitpunkt noch nicht …

2. Teil

Das große Land

I

Mein Leben in Berlin setzte sich über eine – wie mir schien – endlose Zeitspanne Tag für Tag fort. Ich erinnere mich, dass mir mein Vater früher oft sagte, dass die Welt da draußen kalt und hart sei. Ich hatte ihm nie recht geglaubt, da »die Welt da draußen« für mich immer gleich das offene, weite Land war, und das fühlte sich in meiner Vorstellung warm und weich an. Der Lauf der Dinge aber hatte mich mitten nach Berlin verpflanzt, das kälteste und härteste Pflaster, über das ich jemals gegangen war.

Der Mensch passt sich seinem Umfeld an; ich hatte mich in all den Jahren Berlin angepasst. Doch eine Anpassung hat etwas Künstliches, angepasst ist nicht echt, ist so zurechtgemacht, dass man mit der Masse übereinstimmt und nicht auffällt. Je mehr ich von all den tapferen und mutigen Männern las, die über die See gereist waren, um ein besseres Leben zu leben, desto schmerzlicher drückten meine unsichtbaren Ketten.

Ich wollte meine Vernunft abschalten und tun, was ich fühlte. Weg von hier. Doch die Vernunft sagte mir immer wieder, dass ich tun müsste, wofür ich Anerkennung bekam. Ich musste Erfolg haben, um bedeutend zu sein, um den Menschen hier etwas erzählen zu können. Nur daraus, schloss ich, konnte sich mein Glück ergeben.

Ich lebte über zwei Jahre ein Leben, in dem ich aus Berlin wegreiste, monatelang nach Frankreich zog, in die Schweiz flog, ein Heimatgefühl suchte, es nirgends fand und schließlich wieder nach Berlin zurückkehrte. Der Drang wegzugehen wurde dadurch aber nicht kleiner – er wurde immer größer. Nach jeder Rückkehr glaubte ich bestätigt zu bekommen, dass ich ein Mensch war, der entwurzelt umherirrte, und ich eben doch kein Pionier sein konnte. Die Taubheit, die Leere, ich konnte nicht glauben, was aus mir geworden war. Mein Leben ermüdete mich und führte mich nirgendshin. Ich musste einfach neu beginnen.

In meinen Büchern las ich von den in Montana ansässigen Blackfoot-Indianern, die Raubzüge in die Goldgräberstädte unternahmen und den Wagenkolonnen auflauerten. Ich las von den Wagenkolonnen, die durch Wyoming zogen, von Trappern, die neue Routen über die Rocky Mountains erschlossen und sich dabei durch Montana und den heutigen Yellowstone-Nationalpark vorkämpften.

Montana. Da war es. Ich suchte nach Bildern, Fotos, schaute mir nach all den Jahren wieder *Aus der Mitte entspringt ein Fluss* an, und da packte mich auf einmal der Pioniergeist. Hat man den Pioniergeist und – wie ich – nichts mehr zu verlieren, dann ist man verrückt genug, die Reise übers Meer zu beginnen.

Montana ist nur ein Staat von mehreren, die im Mittleren ehemaligen »Wilden« Westen liegen. Doch Montana war meines Wissens ein Ort, an dem der Pioniergeist noch am unverdorbensten gelebt wurde. Montana war für mich eine unermessliche, wilde Unbekannte. Dort wollte ich abtauchen, vielleicht sogar für ein Jahr auf einer Ranch anheuern. Eine Arbeitsstelle musste mir doch das Tor in die Freiheit öffnen.

Ich suchte nach Jobs im Internet, die Pferdekenntnisse voraussetzten, und legte eine vage Route fest. Ich wollte erst nach Bozeman, mich dort im *Paradise Valley* umsehen, und dann nach Norden fahren. Ich fand jeweils ein Angebot auf der *Mungas Ranch* in Philipsburg und einer weiteren Ranch in Missoula. Ich sandte eine Kontaktanfrage per E-Mail an Mr. Mungas von der nach ihm benannten Ranch und bat darum, ihn noch im März besuchen zu dürfen, um mich vorzustellen. Ich bekam auch Antwort von ihm. Er lud mich tatsächlich auf seine Ranch ein, meinte, ich solle mir alles mal angucken und vor Ort entscheiden, ob mir die Arbeitsstelle zusagen würde. Diese für mich unglaubliche Einladung kam zwar elektronisch, duftete aber herrlich nach frischem, grünerem Gras.

Philipsburg war auf der Karte nur fünf Autostunden von Bozeman entfernt, Missoula weitere zwei Stunden von Philipsburg. Doch solche Distanzen konnten für die Verhältnisse in Montana nur ein Klacks sein, und so plante ich meinen Trip. Die Jobsuche gab mir Hoffnung, Berlin endlich verlassen zu können und mein Zuhause anderswo zu finden. Über die ganzen Formalitäten und Bedingungen, die mit einer Arbeitsstelle in Amerika einhergingen, machte ich mir keine Gedanken. Ich musste irgendwo anfangen, und von dem Besuch auf einer richtigen Rinderfarm, wie die Mungas Ranch eine sein musste, versprach ich mir die Lösung all meiner Probleme.

Und so machte ich mich im März 2012 schließlich auf den Weg. Am Flughafen Tegel stieg mir der Geruch von Kerosin in die Nase, das Geräusch der abhebenden und landenden Flugzeuge drang an meine Ohren. Ich schmiss die Taxitür zu und spähte in den Himmel.

»Verdammt«, dachte ich, »was mache ich bloß?«

Im Flugzeug begann ich wieder einmal darüber nachzudenken, wie fremd mir Berlin geworden war. Es hatte nichts mehr mit mir zu tun, ich konnte mir nicht erklären, wie ich dort vierzehn Jahre meines Lebens auf den Kopf gehauen hatte.

Wer war ich eigentlich? Auch jetzt, im Flugzeug eingezwängt, viertausend Meter über dem Erdboden, tauchte die Frage auf. Ich wusste, was ich wollte, aber ich wusste nicht, wer genau ich war und was in mir steckte. Vor allem aber wusste ich nicht, wie und wo anfangen, um etwas zu ändern.

Sollte ich auf die Uni? Aber was studieren? Agrarwissenschaft? Ich überlegte, welche Fähigkeiten ich hatte, die für Menschen, die auf Ranches lebten, nützlich sein könnten. Ich kam auf: Kochen und Reiten.

Ich konnte nicht mit Zahlen umgehen. Ich hatte zwar ein veröffentlichtes Buch vorzuweisen, aber keine Berufserfahrung, kein Studium. Ich hatte nichts zu bieten außer vollgeschriebene Notizbücher und ein paar Zeichnungen und Gemälde.

Ich landete mitten in der Nacht auf dem *Yellowstone International Airport* in Bozeman, Montana.

Es war stockfinster, als ich mit dem Mietwagen vom Flughafen über eine endlos lange Straße ins Hotel fuhr. Ungläubig starrte ich mit übermüdeten Augen in die pechschwarze Dunkelheit, in der sich mein Scheinwerferlicht hoffnungslos verlor. Ich ließ das Fenster runter und konnte die Weite förmlich riechen! Wind von weit her durchwühlte mein Haar.

An der Rezeption im Hotel stand ein ausgestopfter Bär auf den Hinterbeinen. Ich nahm meine Zimmerkarte entgegen, wankte auf mein Zimmer und fiel todmüde ins Bett. Ich hätte glücklicher nicht sein können. Montana!

2

Mein erster Morgen begann unter einem klaren, kalten Himmel. Nachdem ich aus dem Hotel ausgecheckt hatte, um meinen Weg fortzusetzen, wanderte ich auf der Suche nach einem Frühstückskaffee die Main Street runter. Über mir baumelten die Straßenampeln an schlappen Drahtseilen. Bozeman, bekam ich bei meinem Spaziergang den Eindruck, hatte das Flair eines San Francisco in den Bergen. An der Hauptstraße reihten sich Backsteingebäude aneinander: ein Steakhaus an einen Schallplattenladen, an ein Antiquariat für alte Pokerchips, *Horehousetokens,* Indianerschmuck und Holzmöbel, an eine Lederwerkstatt und eine Tankstelle. Im nächstgelegenen Kiosk besorgte ich mir die Regionalzeitung und einige Magazine, setzte mich dann in den Coffee Shop, der sich dem Geschäft gleich anschloss, und informierte mich über die Stadt und ihre Umgebung.

Mittags fuhr ich mit dem Auto parallel zu den Zugschienen durch einen von dunkelgrünen Tannen bewachsenen Canyon weiter in die beschauliche Stadt Livingston, die am Eingang des sogenannten *Paradise Valley* lag. Der Schlund des Canyons schloss sich im Rückspiegel nach der nächsten Kurve zu einer soliden Felswand, und die Augen gingen mir über von der Weite, die sich vor mir erstreckte. Vor mir kratzten die schneebedeckten Berggipfel an den Wolkenfetzen, die im blauen Himmel schwebten. Das Sonnenlicht ergoss sich über den Talboden, brachte das trockene Gras und die blattlosen Bäume, die in der Ebene standen, zum Leuchten. Ich holte den kilometerlangen, stöhnenden Güterzug ein, der wie ich gen Süden fuhr. Um mich herum Land, so weit ich gucken konnte.

Kalte Luft drang durch mein Fenster, doch das Licht fiel weiß und klar auf die goldenen Steppen.

Fassungslos wischte ich mir die Tränen von den Augen, während ich hinab in ein Flusstal fuhr, das breiter, größer, endloser war als alles, was ich in meinem bisherigen Leben zu Gesicht bekommen hatte. In der kleinen Westernstadt Livingston parkte ich mein Auto gegenüber dem Güterbahnhof und vor den Schaufenstern eines Fly Fishing Shops. Ich beschloss, im Geschäft zu fragen, ob mir jemand das Fliegenfischen beibringen könne. Ich musste an die Filmaufnahmen aus *A River Runs Through It* denken, und es reizte mich, diese Kunst zu erlernen. Jede Art von Freizeitbeschäftigung, die es mir erlaubte, eins mit der Natur und den Elementen zu werden, zog mich magisch an. In diesem unvorstellbar großen Tal im Fluss zu stehen und Forellen zu fangen war eine ganz wunderbare Vorstellung. Gleichzeitig war es eine gute Gelegenheit, in Begleitung in die Wildnis zu kommen. Alleine oder zumindest unbewaffnet, so hatte ich gelesen, sollte man in Montana besser nicht in die Natur gehen – es gab hier zu viele Bären.

»Guten Tag«, grüßte ich den Verkäufer, als ich den Laden betrat. Ich sah mich um und stellte fest, dass ich wirklich noch nie mit Fliegenfischen in Berührung gekommen war. Die ausgestellten Westen mit all den angenähten Taschen, die leichten Hosen – ebenfalls mit Taschen und Lüftungskanälen versehen, die Hüte, Handschuhe, Angeln, Spulen, Rucksäcke und Brusttaschen und die Schaukästen mit den aufwendig, von Hand gefertigten Ködern – dieser Anblick versetzte mich in freudige Erregung.

»Ich möchte unbedingt raus in die Natur und das Fliegenfischen lernen. Kann ich bei Ihnen Stunden nehmen?«, fragte ich.

»Na klar!«, sagte der ältere Mann mit silbergrauen Haaren. Nachdem er mich ein bisschen darüber ausgefragt hatte, wo ich herkam und was mich in die Wildnis Montanas trieb, griff er zu einem altmodischen Telefon mit Drehscheibe und rief jemanden an.

»Hey, Jimmy, ich bin's, Dan. Habe ich dich geweckt? Okay. Ich habe hier eine junge Lady aus Berlin, Deutschland, und die möchte gerne Fliegenfischen lernen. Hast du Zeit?«

Jimmy am anderen Ende schien zu reden. Dan nickte stumm und hängte dann nach einer kurzen Weile ein, lächelte mich an und sagte: »Heute ist Jimmy im Park, um Wölfe zu beobachten, aber er könnte übermorgen um zehn Uhr.«

Begeistert und dankbar nickte ich.

»Hast du eine Angel?«, fragte Dan und musterte mich, als kenne er die Antwort bereits.

»Nein«, gestand ich. »Ich habe nichts.«

Er rieb die Hände aneinander. »Deutschland also. Ich war mit meiner Frau im vergangenen Jahr in Stuttgart. Unser Sohn ist in der Armee und dort stationiert. Wir waren in München und Salzburg und im Schwarzwald. Sie beklagt sich noch heute über die sechs Pfund, die sie dort zugenommen und seither nicht mehr verloren hat. Aber es war wunderschön. Viele Kohlehydrate. Und die Musical-Tour zum Film *Sound of Music* würde ich niemandem empfehlen.«

Ich wusste nicht, warum die Amerikaner so auf den Film *Sound of Music* standen, und schüttelte den Kopf, wie: Nein, auf die Tour werde ich bei meinem nächsten Münchenbesuch nicht gehen. Ich stellte mir den schlanken, durchaus eleganten amerikanischen Gentleman mit seiner Frau in einem Bus voller Inder und Asiaten inmitten einer österreichischen Alpenwiese vor.

Nun kam er langsam hinter dem Verkaufstresen hervor und sagte: »Setz dich dorthin, ich bringe dir *Waders* und Schuhe.« *Waders* sind wasserdichte Strumpf- und Latzhosen in einem Stück, die man über seine reguläre Kleidung zieht. Über die wasserdichten sockenähnlichen Fußteile zieht man dann die klobigen Schuhe mit Filzsohle. Ich zog alles an, stellte mich hin und schaute an mir herab. Ich sah aus wie ein wasserdichter Rodeo-Clown.

»Passt perfekt«, sagte Dan. »Jetzt hole ich dir eine Angel, und dann bist du voll ausgerüstet.«

Während er wieder ins Lager ging, schmunzelte ich vor mich hin. Dann hörte ich ihn aus der Tiefe seines Geschäfts rufen: »Kann man überhaupt fischen in Deutschland?«

»Ich weiß es nicht«, gestand ich. Berlin lag in dem Moment Lichtjahre entfernt.

Dan kam zurück, prüfte die Länge der Route anhand meiner Körpergröße, lächelte und sagte amüsiert: »Ich weiß es auch nicht. So, du bist komplett. Köder und Spulen bringt Jimmy übermorgen mit. Jetzt kannst du alles wieder ablegen. Und hier hast du eine Tasche. Stopf einfach alles rein.«

Dan verlangte gar kein Geld von mir, er sagte, ich solle bezahlen, wenn ich die Ausrüstung wieder abgäbe.

Bevor ich den Laden verließ, erzählte er mir noch mehr von Montana und dass er dem Hollywoodschauspieler Brad Pitt Stunden im Fliegenfischen gegeben habe, als dieser den Film *A River Runs Through It* hier im Paradise Valley gedreht habe. Er gab mir das Gefühl, als kenne er mich schon seit Jahren und als käme ich immer im März her, um zu fischen. Ich fühlte mich fast gesegnet. Wir schüttelten Hände zum Abschied, und er sagte noch: »Na dann, ruf in zwei Tagen um zehn hier an, damit Du mit Jimmy den Treffpunkt verabreden kannst. Ich hoffe, ich konnte deine Abenteuer-Seele befriedigen.«

»Jetzt kann ich raus in die Natur, ohne Angst haben zu müssen, gleich von einem Bären verspeist zu werden. Vielen Dank!«

Es war kurz vor Mittag, als ich Dans Laden verließ. Ich setzte mich ins Auto und schaute auf meiner Karte nach, wo von hier aus meine Hütte lag, die ich für zwei Nächte gemietet hatte. Ich musste weiter Richtung Yellowstone-Nationalpark zum Ort Emigrant – es war »das Tor« zum gigantischen Nationalpark. Da die Mittagsstunde nahte und ich großen Hunger hatte, stieg ich aus dem Auto wieder aus und fand, nicht weit vom Bahnhof entfernt, eine Bäckerei. Ich aß ein Thunfischsalat-Sandwich und suchte im Internet nach Ranches, die auch Touristen beherbergten und Ausritte anboten. Angesichts der verlockenden landschaftlichen Weite, die mich hier stets umgab, versuchte ich alles, um dieses Land zu erkunden. Und was war schöner, als das auf dem Rücken eines Pferdes zu tun? Ich rief drei Nummern an und erkundigte mich nach der Möglichkeit, ausreiten zu gehen. Doch jedes Mal wurde ich vertröstet, dass die Pferde noch auf den Winterweiden wären und frühestens Ende des Monats, Anfang April eingefangen, ins Tal getrieben und eingeritten werden würden.

So fuhr ich dann also, mit der Aussicht darauf, immerhin Fliegenfischen gehen zu können, Richtung Emigrant.

Das Sonnenlicht vor mir auf dem Highway brach nun richtig durch die großen Kumuluswolken. Hier und da ästen ganze Herden von Rehen fernab der Straße im goldenen Gras.

Am Ufer des Yellowstone River hielt ich am Wegrand

und stieg aus. Ich wollte die Luft atmen. Sogleich erfasste mich der Wind, ich konnte ihn hören, ihn riechen. Unter mir lag groß und breit der Fluss, eisblau bewegte sich das Wasser in seinen natürlichen Armen. Sie wurden von hellen, glänzenden Kiesbetten an einer Stelle voneinander getrennt und flossen dann sich überwerfend wieder zusammen. Pechschwarz stand am anderen Flussufer die Wand eines Berges im Schatten der mich direkt anstrahlenden Sonne. Vom Zweig eines Busches hüpfte ein Bluebird und stieß in kuriosem Kurs in die Lüfte. Meine Augen taten weh, weil ich so angestrengt in die Weite sah.

Auf meinem Weg tiefer ins Tal sah ich ein paar weidende Pferde, Hunderte schwarze Körper von Black-Angus-Rindern sowie die Umrisse von Farmhäusern.

Ich erreichte Emigrant am späten Nachmittag. Die Hütte, die ich gemietet hatte, gehörte zu einem Hotel, das jenseits des Yellowstone River am Ausläufer der Emigrant-Schlucht lag. Hier, am Fuße des Mount Emigrant, hatten sich um 1860 Goldgräber niedergelassen und die heutige Geisterstadt Old Chico geschaffen. Ich meldete mich bei der Rezeption und ließ mir die Schlüssel und die Wegbeschreibung geben. Ich fuhr weiter und parkte schließlich vor einem einfachen Einzimmer-Blockhaus mit einem kleinen Fenster und geschindeltem Dach.

Als ich die Tür aufstieß und eintrat, atmete ich erst mal tief durch. Es roch nach Holz, und es war ziemlich kalt in der Hütte. Haken aus Hufeisen waren an die Wände genagelt, links stand gleich das Bett, und rechts trennte eine Holztür ein winziges Badezimmer ab. Ich war unendlich froh, hier gelandet zu sein. Nachdem ich mein Gepäck aus dem Auto geholt hatte, breitete ich die Karte von Montana auf der weinroten Steppdecke meines Bettes aus. Ich glättete sie mit beiden Händen, legte mein Telefon drauf ab und begann mich zu orientieren. »Also, ich bin hier«, mein Finger war nur eine verschwindend kleine Stecknadel auf einer grün-weißen, von gelben, roten und blauen Linien durchzogenen Fläche.

»*Shit*, dieser Staat ist einfach riesig!«, dachte ich.

Die kleine Hütte war ein echter Glücksgriff, die Hanglage bot mir den freien Blick über Weiden und Wiesen bis zu dem gegenüber aufragenden Gebirge. Sie lag fußläufig zum Restaurant des Hotels und einer Bar. Dort beschloss ich abends noch einzukehren. Als ich für die Lammkoteletts und einen Gin gezahlt hatte, empfahl mir die Empfangsdame, meinen Tisch für den nächsten Abend schon zu reservieren, da der Laden jeden Abend ausgebucht sei. Ich folgte ihrer Anweisung und zog mich dann glücklich in meine Hütte für meine zweite Nacht in Montana zurück.

Bevor ich einschlief, stellte ich fest, wie unglaublich still es war. Da draußen in der Dunkelheit lag nichts, woran der Schall eines Geräuschs, eines Lautes hätte abprallen können. Die zarten, nächtlichen Stimmen verloren sich in der Endlosigkeit dieses Raumes und gaben dem Ohr nichts zurück.

Als ich früh am nächsten Morgen die Tür öffnete, lag schon das unwahrscheinliche Licht der Morgensonne auf meinem Treppenabsatz. Es war kalt. Ich zog Strumpfhosen unter meine Jeans und holte einen Wollpullover aus meinem Koffer. Da ich mir irgendwo Frühstück besorgen wollte, packte ich meinen Rucksack und machte mich auf den Weg nach Emigrant. Auf der sich endlos dahinziehenden Straße wurden meine Blicke von alten rostigen Gerätschaften angezogen, die mitten in einem Feld herumlagen. Ich hielt an, stieg aus und sah, dass es sich um alte Stahlpflüge handelte, die vor sich hin rosteten. Es sah tatsächlich aus, als habe jemand einfach ein riesiges Mobile aus Eisen vom Himmelszelt abgehängt und hier liegen gelassen.

Ich kam bald an die Ufer des Yellowstone River und versuchte mir vorzustellen, wie ich da am nächsten Tag drinstehen und die Leine auswerfen würde. Meine Blicke schweiften endlos dahin, mir tat fast das Gehirn weh vom weiten Gucken. Ich besorgte mir Kaffee und ein sehr süßes Gebäck und beschloss, statt zurück nach Livingston zum Yellowstone-Nationalpark zu fahren.

Keine Ahnung, wie lange ich mit dem Auto unterwegs war, fünf Stunden vergingen im Nu. Ab und zu fuhr ich an den Straßenrand und hielt an, um mir die Beine zu vertreten. Einmal stieß ich dabei auf die Knochen einer Antilope, die im Gras lagen. Ein andermal sah ich am Straßenrand einen Adler, der an den Überresten eines angefahrenen Tieres herumpickte. Ich sah Büffelherden und Pferde, ich sah nichts und wieder nichts außer Himmel und von dürrem

Gras bewachsene Erde. Am frühen Nachmittag näherte ich mich offensichtlich dem Eingang des Nationalparks. Allmählich reihten sich Wohnmobilparkplätze, Gaststätten, Hotels und Souvenirläden aneinander, doch ich sah kaum eine Menschenseele. Wer reiste schon Ende März nach Montana? Ich fuhr weiter und hielt erst vor dem Park-Informationsgebäude. Nach der Durchsicht unterschiedlicher Broschüren beschloss ich, das Stück weiter zu den Sulfatquellen hochzufahren.

Ich fühlte mich schon ein wenig wie ein Pionier. Niemand war hier, nur ich, der Wind und das Land.

Es begann zu schneien, als ich zu den heißen Quellen kam. Gespenstisch lag ein noch geschlossenes, riesiges Hotel da. Auf dem Parkplatz stand nur ein einziges anderes Fahrzeug. Holzstege führten mich zu den Quellen, das sulfidhaltige Wasser dampfte und stank. Die Erde war zu Asche geworden, die Bäume tot und verbrannt. Es war fürchterlich kalt hier oben, und während ich mit der einen Hand meine Kamera an die Brust gepresst hielt, musste ich mit der anderen meinen Jackenkragen enger um den Hals schließen.

Die Hänge, deren Vegetation durch das giftige Wasser völlig abgefressen war, schimmerten in Olivgrün, Ocker, Rostrot, Graphitschwarz und Weiß. Die Salze hatten Terrassen gebildet, in denen grünliches Wasser schwamm, an anderen Stellen sah der Berg knubbelig und wie ein riesig großer Baumpilz aus. Ich fand den Anblick unheimlich und atemberaubend zugleich. Es war faszinierend, wie abstoßend, wie gänzlich uneinladend und gefährlich sich diese Schönheit darbot. Und so ganz allein hier wurde mir doch etwas bang ums Herz.

Auf dem Rückweg hielt ich noch mal an, fand den ausgeschilderten Beginn eines Wanderpfades und dachte begeistert, ich könnte hier etwas spazieren gehen. Raus in die Wildnis!, rief meine innere Stimme, und ich stapfte los. Nach einigen hundert Metern erreichte ich eine große Holztafel, an die Warnblätter gepinnt waren: *Danger: You are entering Bear Country* und *Be Alert For Bears – Make Noise – Carry Bear Spray – Do Not Run. BEAR ATTACK: Are you ready to avoid one?* Ein Schild mit einem rot durchgestrichenen Hund war an der unteren rechten Ecke angenagelt, eine Karte der Region hing da und Anweisungen zur korrekten Aufbewahrung von Proviant in der Wildnis.

»Oje«, dachte ich und schaute zurück über den tosenden Bach, den ich überquert hatte. Ich ging ein Stück weiter die Böschung hoch und gelangte auf eine weite offene Ebene, in der sich der Pfad im Gras verlor. Jede Sekunde könnte mir hier ein Grizzly auf Futtersuche begegnen, dachte ich. Ich holte mein Telefon aus der Tasche und prüfte, ob ich Empfang hatte: nichts. Ich hatte keine Karte, nur eine Plastikflasche mit Wasser, nichts zu essen und keine wirklich wind- und wasserdichte Kleidung.

Mein Herz sank mir, als ich mich noch ein wenig umsah, in die Hose – nirgends war ein Wegweiser zu sehen, nur Wiese, Gebirge, die endlose Weite. Ich beschloss umzukehren. Das war ganz bestimmt kein Grunewald. Alleine hier draußen konnte ich mich verirren, nie wieder zu meinem Auto zurückfinden und am Ende auch noch aufgefressen werden.

Ernüchtert kehrte ich zu meinem Wagen zurück. »Wie schön es wäre, jemanden zu haben, mit dem ich wandern gehen könnte«, dachte ich. Ich wollte so gerne raus ins Unbekannte, doch ganz allein war das hoffnungslos.

Bei Sonnenuntergang kam ich voller Eindrücke zu meiner Hütte zurück. Es war kalt in ihr, keine fünf Grad. Ich drehte alle Heizkörper auf, wickelte mich in die Decke und legte mich glücklich und erschöpft für eine kurze Rast aufs Bett.

Eine gute Stunde später stand ich auf, um zum Abendessen zu gehen.

Draußen schimmerten die Lichter des Restaurants in der Entfernung. Ein Geräusch, als fliehe ein Tier durch trockenes Gestrüpp, erklang. Ich starrte in die Dunkelheit – konnte aber nichts sehen. Wandte ich meinen Kopf nach rechts in die Abenddämmerung, hörte ich nichts als den Wind. Die Ahnung von der Weite der Landschaft, die im Halbdunkeln verborgen lag, ließ mich schon wieder tief durchatmen. Ich konnte nicht glauben, dass ich tatsächlich hier war. Alleine, mitten in Montana. Ich wischte mir mit dem Ärmel die Tränen von den Wangen – das konnte auch der Wind sein. Er duftete nach feuchten Salbeibüschen. Ich folgte dem Weg hinunter, den Lichtern der Gaststätte entgegen. Ich glaubte, eine Eule zu hören, aber meine Sinne konnten sich auch täuschen. Ich zog die Nase hoch und ertappte mich dabei, wie ich einen Hüpfer machte. Da war es wieder! Ein Glücksgefühl! Es war mir so fremd geworden.

Im Restaurant trugen Kellner wagenradgroße Tabletts mit Tortenstücken oder Lammkoteletts durch die Gänge. Es roch nach gebratenem Knoblauch, Teppichboden und unzählig mal feucht abgewischten Tischen. Mädchen mit ausgefransten Zöpfen saßen an den Tischen und malten mit Wachsmalstiften auf Papier. Jungs baumelten mit den Beinen in der Luft. Älteren Paaren mit geröteten Wangen wurde Wein eingeschenkt. Alle redeten durcheinander. Schweigend ging ich zur Bar nach hinten, dort konnte ich besser alleine sitzen. Gestern schon hatte ich hier gegessen und dem Barkeeper erzählt, ich suchte verzweifelt jemanden, der mit mir wandern ginge. Spazieren konnte ich offensichtlich in Montana nicht.

Der Barkeeper, der mir gestern seinen Namen und seine Handynummer auf eine Serviette geschrieben hatte, stand auch heute wieder hinter dem Tresen, mixte Drinks und schenkte Wein aus. Er trug seinen Schnauzbart altmodisch gezwirbelt, seine Wangen glühten, und ich fand, er hatte etwas Keltisches – was durch die goldene Uhrenkette an seiner schwarzen Weste noch verstärkt wurde.

»Hi, Kelby, einen Moscow Mule bitte«, sagte ich und setzte mich.

»Willkommen zurück!«, begrüßte er mich mit einem formvollendet freundlichen Lächeln. Er legte eine der kleinen weißen Papierservietten zwischen meinen Händen auf dem Tresen ab. Und fuhr dann unvermittelt fort: »Da sitzt jemand gleich neben dir, den ich dir gerne vorstellen würde. Ich glaube, das ist der Guide, den du suchst. Er kennt hier jeden Winkel.«

Ich drehte mich nach links. Da saß ein Typ in einem leichten Flanellhemd vor einem Glas Rotwein und einem fast leergegessenen Teller Fleisch.

»Guten Abend. Ich bin Patrick.«

Ich sah zum Barkeeper, und der Barkeeper lächelte ermutigend zurück.

»Du kennst dich hier aus?«, fragte ich Patrick und schlug die Speisekarte auf. »Ich suche einen Guide, mit dem ich wandern kann – aber die sind alle im Urlaub. Ich war schon ganz verzweifelt und habe gestern in Livingston eine Stunde Fliegenfischen gebucht, damit ich wenigstens irgendwie in die Natur komme.«

»Fliegenfischen?«, fragte Patrick und trank einen Schluck Wein. Erst fing der Barkeeper an zu lachen, dann Patrick.

»Was?«, fragte ich.

Kelby servierte meinen Moscow Mule in einem eiskalten Kupferbecher.

Patrick sah mich mitleidig aus seinen großen blauen Augen an. »Das wird dir bei dem Wind keinen Spaß machen. Was hast du bezahlt?«

»Noch gar nichts, die haben mir nur die ganze Ausrüstung mitgegeben und gesagt, ich soll morgen um zehn Uhr in ihrem Shop anrufen.«

Ich weiß noch, dass Patricks Flanellhemd blau-rot kariert war und er sandfarbene, alte Stoffhosen trug. Dass er mir ganz neu, ganz fremd erschien – aber ich erinnere nicht mehr, was ich zu essen bestellte.

Patrick schien zu überlegen, ob er mit einer fremden Frau da draußen wandern gehen wollte. Ich unterbrach sein Schweigen: »Ich wollte dich nicht vom Essen abhalten – bitte.«

»Oh nein, ich war sowieso fertig.«

»Was nun«, unterbrach Kelby und polierte mit unnachvollziehbar schnellen Bewegungen ein Weinglas. »Nimmst du die junge Dame mit zum Wandern?«

»Kelby, nicht so schnell! Also, ich habe morgen nichts vor, aber was machen wir mit deiner Fliegenfischstunde?«

»Absagen«, schloss ich.

»Okay.« Er krempelte sein Hemd etwas hoch, eine Uhr trug er nicht. Das Kondenswasser war in der Zwischenzeit am Becher herab auf die Serviette getropft und hatte diese schon ganz durchtränkt. Ich zupfte kleine Stückchen Papier von den Ecken ab, und Patrick schenkte sich Wein nach. Ich rührte mit dem Strohhalm im Eis herum, und er rieb mit der Handfläche seinen Oberschenkel, dann stellte sich heraus, dass er eine Freundin in London hatte und fünf Jahre in Polen gelebt hatte. London? Polen? Das fand ich sehr merkwürdig für einen Kerl, den ich gerade mitten in Montana an einer Bar angesprochen hatte.

Ich erzählte ihm, ich würde einen Job auf einer Ranch suchen. Und da er nachfragte, erklärte ich: »Ich suche einen Cowhand-Job.«

Während ich das sagte, traute ich meinen eigenen Ohren nicht. Einen Job – was hatte ich denn all die Jahre gemacht? Ich hatte schreibend an einem Ort gelebt, an dem ich nie richtig leben wollte.

3

In meinem Notizbuch steht der Satz: *We make the plans and destiny makes the decisions.* Der muss von Patrick gewesen sein, denn direkt darunter steht: *Call Patrick tomorrow* und seine Handynummer. Und dann:

29.3.2012
Sieht aus, als hätte ich jemanden zum Wandern gefunden!
So kann alles anders kommen. Da treffe ich Patrick heute an der Bar und erfahre den ganzen Abend lang fast alles, was ich über die Region wissen muss. (Wahnsinn, wie innerhalb kürzester Zeit heftiger Wind aufkommen kann. Er rüttelt an meiner Tür und den Fenstern.)
Nun werde ich morgen wandern gehen. Endlich!

Patrick holte mich um zehn Uhr vor meiner Blockhütte ab. Ich rief in *Dan Bailey's Fly Shop* an, sagte die Stunde ab und versprach, die Ausrüstung am nächsten Tag zurückzubringen.

Ich hatte mir ein Tuch um den Kopf gebunden, da mich meine halblangen Haare im Gesicht störten. Wir gingen raus auf den Parkplatz, wo mich Patrick zu seinem glanzlosen, goldenen Chevy Truck führte. Als ich einstieg und meinen Rucksack im Fußbereich abstellte, roch ich den Kaffee, der in einem Becher neben mir im Cupholder stand. An der grauen Sonnenblende auf der Fahrerseite steckten etwa fünf unterschiedliche Fliegenköder, einer von ihnen hatte lange gelbe Beinchen. In der Frontscheibe war ein Sprung, und als Patrick den Motor startete, schüttelte es die ganze Kabine durch.

Patrick legte den Schalthebel in D.

»Macht es dir was aus, wenn wir noch mal eben zu meinem Haus fahren? Ich sollte Pfefferspray mitnehmen«, fragte er mich.

»Nein, kein Problem«, entgegnete ich.

Ich war froh, Anschluss gefunden zu haben. Ich schaute zum Fenster hinaus und fühlte mich still und klar – ein Gefühl, das manche nur in der Meditation erfahren können. Mir reichte Montana.

Patrick hielt am Highway, der rechts nach Livingston und links nach Gardiner zum Nordeingang des Yellowstone-Nationalparks führte. Neben uns lag die breite Einfahrt zu einem General Store mit Tankstelle. Vor uns über der Kreuzung baumelten die Ampeln an ihren Drahtseilen im Wind hin und her. Auf der anderen Straßenseite lag der *Old Saloon,* eine Gaststätte, die Frühstück, Lunch und Dinner servierte.

»Eine typische Greasy-Spoon-Kaschemme«, erklärte Patrick.

»*Greasy Spoon?*«, fragte ich nach.

Patrick erklärte, dass dieser Ausdruck für eine rustikale Küche stand: »Frittiertes und Gebratenes zwischen zwei Brotscheiben mit Bohnen und scharfer Sauce daneben.«

Patrick überquerte die Straße bei Grün und fuhr den Berg hoch. Wir kamen an bescheidenen Fertighäusern in Hellblau und Sandgelb vorbei und stießen dann auf eine Schotterstraße. Schließlich hielten wir an einem Haus mit grüner, abgewetzter Holzverkleidung. An den Fensterrahmen war die schwarze Farbe abgeblättert, eine dicke Tanne bog sich im Wind, Feuerholz lag gestapelt neben drei großen Mülltonnen.

Patrick parkte den Truck.

»Irritiert es dich, wenn ich meine Waffe mitnehme? Da draußen weiß man nie, und die Bären sind gerade auf Futtersuche. Ich gehe eigentlich nie ohne meine Waffe da raus.«

Mir wurde ganz warm im Bauch. Ich fand das irgendwie cool und dachte: »Der nimmt seine Magnum mit zum Spazieren. Hier gilt wirklich: Überleben auf eigene Faust.«

»Kein Problem«, sagte ich.

Der Wind schnappte sich die Fahrertür und knallte sie zu. Während Patrick im Haus verschwand, sah ich in den Himmel. Maßlose Wolken mit schwarzen Unterleibern jagten in zwei übereinanderliegenden Schichten gegen Osten. Zwischendurch zerriss der Wind die dichte Decke und legte ein Stück blauen Himmel frei, dann schloss sich die Lücke wieder, und Regentropfen zerplatzten auf der Frontscheibe des Wagens, in dem ich saß. Das Heulen der Sturmböen und das Peitschen des Regens am Wagen wirkten wie eine Drohung. »Sieh mich an!«, brüllte das Wetter,

»wenn ich wollte, könnte ich Bäume spalten und Häuser niederreißen, Flüsse über die Ufer treten lassen oder Wälder in Brand setzen! Ich bin wild, und ich tue, was ich will! Hier regiere ich!«

Patrick kam wieder auf den Wagen zu. Er sah sehr gelassen aus, obwohl sein offenes Hemd wild hin und her flatterte. Er zog sich auf den Sitz und legte zwei Kannen Bärenspray und seine Waffe auf die Mittelkonsole.

»Damit habe ich letzten Sommer eine Klapperschlange geschossen.« Er formte mit seiner rechten Hand ein weit offenes C. »So ein dickes Ding. Ich habe sie da drüben auf den Busch gehängt, und als ich am nächsten Morgen nachschaute, war sie weg, von irgendeinem anderen Tier aufgefressen.«

Ich sah ihn mit Erstaunen an. Und dann sagte ich: »Krass!«

Wir fuhren ins Gebirge, ließen den Truck am Wegrand in einer Senke zurück und gingen zu Fuß weiter. Wir unterhielten uns, und manchmal blieb ich stehen, um ein Foto zu machen. Das Gras war weiß und golden und vertrocknet, es schimmerte im Kontrast zum schwarzen Himmel. Der Wind blies. Unter mir lag das Tal mit seinen von den Schmelzwasserbächen und Flüssen bewässerten Wiesen, den vereinzelten Häusern, den sanften Hügeln. Dahinter schmiegten sich die grünen Tannenwälder an die Granitwände der Berge an. Die weißen Gebirgskämme dieser gewaltigen, zerfurchten Pyramiden aus Stein verschwanden teilweise in den Wolken. Die südlichen Kanten, an denen der Schnee schon teilweise geschmolzen war, wirkten so schwarz wie Steinkohle. Um mich herum zwitscherten die Vögel in den Pinien, doch ihre Stimmen wurden vom Wind zu einem kaum hörbaren Unterton verzogen.

Die Enden meines Kopftuchs flatterten. Streckenweise

war mir Patrick etwas weiter voraus, und wir redeten gar nichts, dann holte ich wieder auf.

Als wir in den kühlen Schatten eines Tannenwaldes traten, drehte sich Patrick um und sagte: »Ich hoffe wirklich, dass wir keinem Bären oder einer Elchkuh über den Weg laufen. Ich habe dich schon um deine Fliegenfischerstunde gebracht, da will ich nicht auch noch dein Leben riskieren.«

In Berlin ist man nur die trägen Tiere aus dem Streichelzoo gewohnt und glaubt tatsächlich, dass man nur ein wenig die Lippen spitzen und Kusslaute von sich geben muss, damit die Tiere herankommen, um einem aus der Hand zu fressen. Doch hier nehmen sie die ganze Hand, wenn sie sie kriegen können, zerkratzen einem das Gesicht, zertrampeln einen, oder sie beißen einen und jagen einem tödliches Gift ins Blut. Montana ist kein Streichelzoo.

Wir blieben vor frischem Elchkot stehen, der in einem sich zurückziehenden Schneefeld lag. Es war still, und Patrick meinte, wir sollten besser weitergehen. Wir kraxelten auf allen vieren auf eine Anhöhe, schauten in die Ferne und rutschten anschließend auf dem Po herunter. An meinen Schuhen klebte rote, krümelige Erde. Wieder im Dickicht des Tannenwaldes, fiel mir auf, dass an den Rinden der Zirbelkiefern und Tannen Flechten in allen Varianten von Neongrün wuchsen. Solche Flechten entstanden über einen Zeitraum von mehreren hundert, ja Tausenden Jahren. Sie wuchsen nur Bruchteile eines Millimeters im Jahr und überlebten daher nur dort, wo sie unberührt blieben und nicht von anderen Pflanzen überwuchert wurden. Sie überlebten unter extremsten Bedingungen, in Hochgebirgen, den Tropen, selbst in der Antarktis. Ich wusste, dass sie sehr empfindlich gegenüber Luftverunreinigungen waren und manche Arten eine bestimmte Luftfeuchtigkeit und Höhe benötigten, da sie bei reiner Luft, Tau oder leichtem Regen am besten wuchsen. Ihre Farben variierten von Weiß, Grün, leuchtendem Geld bis zu tiefem Rot, Blaugrün und Schwarz. Die Flechten in diesem Wald waren durch die herrschende Feuchtigkeit so leuchtend grün, dass es aussah, als hätte man sie mit Sprühfarbe markiert. Ich war fasziniert von der Erscheinung dieser bärtigen Gewächse.

Wir traten wieder ins Sonnenlicht, liefen ein Stück weiter bergab und gelangten bald wieder auf ein Plateau, das mit kniehohem Gras bewachsen war. Von hier aus schauten wir auf die gegenüberliegenden, schneebedeckten Bergspitzen der Absaroka Range. Wir wanderten weiter durch die Wiese. An einem schlammigen Wasserteich hatten Dutzende Tiere ihre Fußspuren hinterlassen. Ich machte ein Foto.

Patrick lauschte.

»Möchtest du mal schießen?«, fragte er und zeigte auf seine Waffe.

»Klar«, sagte ich.

Da erst wurde mir bewusst, dass ich mich mit einem fremden Menschen mitten in der Wildnis befand, dass davon niemand etwas wusste und auch weit und breit keiner war, den das interessieren könnte.

Wir schossen auf Tannenzapfen, die wir auf Steine stellten. Die Schüsse waren so laut, mir sausten die Ohren. Als wir sechs Kugeln verfeuert hatten, steckte Patrick die Waffe wieder ein. Dann machten wir uns auf den Rückweg.

4

Als wir über tiefe Schlaglöcher ins Tal zurückfuhren, grummelte mein Magen – von einem Becher gebrühtem Kaffee mal abgesehen, hatte ich gar nicht gefrühstückt.

»Ich habe ganz schön Hunger, können wir hier irgendwo was essen?«

»Gute Idee.« Patrick ging es wie mir.

Langsam brach die Sonne durch. Wir glitten auf dem Highway dahin. Kälte war mir unter die Haut gekrochen, und ich freute mich, gleich eine heiße Suppe zu essen.

Wir setzten uns in Emigrant ins Café *Wildflour*. Drinnen duftete es nach Krustenbrot, die Luft war mehlbestäubt, feucht und warm. Eine große ältere Dame in ärmellosem Blumenkleid, mit weißer Schürze um den Bauch und schwarzgrauen, schulterlangen Haaren tippte die Preise unserer Bestellung in die Kasse ein. In drei hohen Weckgläsern, die auf der Vitrine standen, stapelten sich unterschiedliche Sorten Cookies. Osterglocken standen in einem Tonkrug, auf Platten und Blechen wurden Kuchen präsentiert. Die Zeiger der altmodischen Uhr standen schon auf Viertel nach vier. Wir setzten uns an einen der freien Tische, und ich schob die Salz- und Pfefferfässer zur Seite, um Platz zu machen. Patrick fragte, wie lange ich noch vorhätte, in dieser Gegend zu bleiben, und ich erklärte ihm, dass ich eigentlich für diesen Abend fünf Stunden nördlich von hier – in Philipsburg – ein Zimmer gebucht hätte.

»Was willst du denn dort oben?«, erkundigte er sich.

Ja, was wollte ich dort? Einen Job suchte ich. Ich wollte eine Ranch finden, auf der ich ein paar Monate leben konnte. Doch hier und jetzt war mir gar nicht mehr danach, meine neue Bekanntschaft zurückzulassen und alleine, im Gespräch mit meiner inneren Stimme, weiterzuziehen. Ich gestand Patrick, dass ich eigentlich Bücher schrieb, aber dass ich auch aus Berlin und meinem Leben dort wegwollte.

»Du willst dein Leben in Berlin gegen ein Leben in Philipsburg tauschen?«

Ich zuckte mit den Schultern. Patrick kannte Berlin nicht, und er kannte *mich* nicht.

»Bleib doch noch einen Tag hier«, bot mir Patrick an. »Bis du loskommst, ist es fünf. Ich habe drei freie Zimmer in meinem Haus, und du sparst dir eine Hotelübernachtung und die lange Fahrt dort hoch.« Er überlegte eine Weile, dann stellte er fest: »Dort oben ist nichts.«

»Ja«, ich seufzte, »ich liebe das Nichts. Aber manchmal ist die Gemeinsamkeit dem Nichts vorzuziehen.«

»Also, mein Angebot steht, und ich gehe heute Abend ohnehin in Livingston was essen, du könntest noch ein paar Leute kennenlernen. Ich bin ja auch ganz gern alleine, aber in fremden Umgebungen fühlt man sich heimischer, wenn man mit Leuten zusammen ist.«

Ich sah Patrick an und überlegte. Ich trank den letzten Schluck Tee und aß das letzte Stück Brot.

»Okay, ich bleibe noch«, beschloss ich.

Patrick sagte: »Okay.« Er lächelte.

5

Patrick setzte mich an meiner Hütte ab, er sagte: »Wenn du essen gehen willst, komm einfach zu meinem Haus. Dann kannst du vorher deine Sachen bei mir abstellen.«

Er beschrieb mir noch mal den Weg vom Hotel zu seinem Haus und verabschiedete sich dann.

Am Abend fuhren wir nach Livingston zum Essen. Patrick führte mich in ein wunderbares, kleines Restaurant mit Bartheke, in dem anscheinend die ganzen *Locals* aus der Umgebung speisten. Alle Tische waren belegt. Patrick begrüßte gleich eine Handvoll Leute und stellte mich als Schriftstellerin vor. Ich fand das irgendwie seltsam, hatte ich doch das Gefühl, hier eigentlich eine ganz andere zu sein. Wer ich war? Ein Landstreicher, ein namenloses Tumbleweed, das zufällig aus der Steppe in diese Stadt geweht worden war.

Da wir auf zwei Plätze warten mussten, stellten wir uns an die Bar und bestellten Drinks. Neben mir saßen zwei alte Herren mit ganz weißen Haaren, sie tranken Whiskey und kamen gleich mit Patrick ins Gespräch. »Wo hast du dich denn so rumgetrieben? Geht's dir gut? Hast du was gefangen?«, fragte der eine und klopfte Patrick zwinkernd auf die Schulter. Er trug ein Käppi, auf dem *Key West* stand, und einen Seemannspullover.

»Das ist Dink«, sagte Patrick zu mir, »Hemingway hat ihm diesen Namen gegeben, als Dink drei Jahre alt war.«

»Wirklich?« Ich lachte.

»Ja, wirklich«, sagte Dink.

»Hemingway hat ihm auch das Tiefseefischen beigebracht«, erklärte Patrick.

»Nicht nur das Fischen, auch, dass wenn man im Zweifel ist, man immer übertreiben soll.«

Ich guckte erst etwas ratlos. Dink lachte, und Patrick klärte mich auf: »In Bezug auf die Größe des Fischs.«

Ich nickte. Dann kam die Tischdame und führte uns zu unseren Plätzen.

Wir verließen das Restaurant, als es schon längst dunkel war. Es hatte heftig zu regnen begonnen. Die schweren Tropfen schlugen auf das Tuch der Markise, unter der wir standen, und übertönten das Stimmengewirr, das aus der Gaststätte drang. Schließlich rannten wir durch die Pfützen zum Truck.

Die Lüftung blies mir heiße Luft ins Gesicht, unsere feuchten Hemden und nassen Haare ließen die Scheiben beschlagen. Nach dem Stimmengewirr im Restaurant schien es auf einmal sehr still zwischen uns.

Kaum ein Wagen kam uns auf der Main Street in Livingston entgegen. In meinem Rückspiegel leuchtete die Reklame des *Murray Hotel* grün. Wir hielten an einer Ampel. Die nassen Wellblechwände abgestellter Containerzüge und die zahlreichen Gleisbetten wurden von Scheinwerfern am Hauptgebäude des Güterbahnhofs angestrahlt. Wir fuhren vorbei an dem dunklen Schaufenster von *Dan Bailey's Fly Shop*, in dem ich vor kurzem noch eine Unterrichtsstunde gebucht hatte. Das Licht der Leuchtstoffröhren in den Schaufenstern der Supermärkte zitterte. Von rot-weiß-blauen Girlanden, die sich über Gebrauchtwagen des Autohauses *Billion* spannten, tropfte Wasser. Der Blinker tickte, und Patrick bog in die Einfahrt einer Tankstelle.

»Magst du noch was?«, fragte er, als der Motor erstarb und die Scheibenwischer abrupt stehen blieben.

»Nein danke«, sagte ich.

Er ging, beide Hände in den Hosentaschen, in die Tanke. In den wenigen Minuten, in denen ich im Wagen wartete, hielt ein Mann mit Cowboyhut auf dem Kopf neben mir. Andere kamen und gingen mit braunen Papiertüten unterm Arm oder Zigaretten in den Mundwinkeln. Ich schaute auf die Benzinpreise, die riesigen Wegweiser und *Railroad Crossing*-Kreuze – ich konnte nicht anders, als dabei zu lächeln. Ich wusste, dass das hier mein Zuhause war. Nur hier.

Patrick kam zurück und stellte einen leeren Kaffeebecher aus Pappe in den Getränkehalter zwischen uns. »Stört es dich, wenn ich Tabak kaue?«

Ohne genau zu wissen, was er damit meinte, sagte ich: »Nein, natürlich nicht.«

»Ich frage lieber, weil ich mir bei Deutschen nicht so sicher bin. Die finden so was bestimmt total ekelig.«

»Wahrscheinlich. Aber ist okay – ich bin ja keine wirkliche Deutsche.«

Da Zigaretten eine Brandgefahr darstellen, ist eine Tabakdose in der Hosentasche eines Cowboys wesentlich üblicher als eine Zigarettenschachtel. Wer Tabak kaut, braucht kein Feuer, sondern nur einen sogenannten Spitcup – einen Papierbecher – oder eine leere Eisteeflasche mit breiter Öffnung. Man holt sie an der Tankstelle und stopft ein oder zwei Stück Küchenpapier oder eine Papierserviette rein, damit es beim Reinspucken nicht hochspritzt.

Wenn man den Tabak auslutscht oder aussaugt, spuckt man zwischendurch immer einen Strahl Tabaksaft in diesen Becher – »sssit-sssit« – etwa jede Minute. Ist der Tabak ausgelutscht, das dauert je nach Prise ungefähr zwanzig Minuten, zieht man ihn mit Daumen und Zeigefinger hinter der Unterlippe vor und entsorgt ihn ebenfalls im Spitcup. Was an den Fingerkuppen kleben bleibt, wischt man an der Hose ab. Dann nimmt man ein beliebiges Getränk – Wasser, kalten Kaffee oder eine Limonade, nimmt einen Schluck, spült und spuckt diese Mischung ebenfalls in den Spitcup. Hat man fertig »gekaut«, wischt man sich die Lippen mit dem Ärmel sauber, dann kommt der Deckel auf den Becher oder die Flasche. Ja, und dann bleibt der Becher im Truck stehen, bis eine weitere Serviette reingestopft wird, eine neue Prise Tabak aus der Dose hinter die Unterlippe gestopft wird und neu gespuckt wird.

Der Anblick und der Geruch solcher tagealter Spitcups können einem schon den Magen umdrehen. Das Tabakkauen ist eindeutig eine Eigenschaft des Cowboys, die bei ihrer Mystifzierung und Kommerzialisierung unter den Teppich gekehrt wurde.

Patrick legte eine runde Aluminiumdose in Gold, Braun und Schwarz in die Ablage zwischen uns. Auf ihr die Aufschrift »Long Cut Copenhagen« – das war also eine Tabakdose, Herz und Niere eines jeden Cowboys.

Irgendwie kamen Patrick und ich auf den Film *Die Brücken am Fluss* zu sprechen, als wir durch die Nacht zurück zu seinem Haus fuhren.

»Ich weiß nicht«, sagte ich, »reicht ein einziger Tag, um sich unsterblich zu verlieben?«

»Für einen Mann, der nach Madison County kommt, reicht das – denke ich.« Patrick spuckte in den Pappbecher. Er sah ganz anders aus mit dem Tabak hinter der Unterlippe.

»Aber würde dieser im Ort fremde Fotograf wirklich klatschnass im Regen am Straßenrand stehen und erwarten, dass die Frau seines Lebens – die gerade mit ihrem Mann im Ford 150 sitzt – aus dem Auto steigt und ihm in die Arme fällt? Die beiden kannten sich doch kaum, und sie soll für ihn ihre Familie verlassen?«

Patrick sagte nichts.

»Vielleicht«, beantwortete ich meine Frage selbst. »Ob die Zeit ihres Kennenlernens für diese enormen Gefühle am Ende des Films reicht?«

»Wie kamen wir darauf?«, fragte Patrick.

»Ich weiß es nicht.«

6

Der Regen und der Wind fegten dem Haus um die Ohren, als wir ankamen. Das Haus war recht groß, zweigeschossig. Im Wohnzimmer hatte man aus Flusssteinen einen Kamin gemauert, natürlich stand dort eine Ledercouch vor einem großen Fernsehbildschirm. Die Küche war aufwendig renoviert, das Wohn- und das Esszimmer wirkten leer und unbelebt. Für eine Person, fand ich, war das Haus riesig, und mir schien, als könnte sich Patrick hier nicht allzu oft aufhalten.

Ich weiß nicht mehr, ob ich an meiner Entscheidung, hier zu übernachten, zweifelte. Wenn, dann schob ich meine Bedenken beiseite, dies alles war Teil meiner Reise, und morgen würde ich weiter meines Weges ziehen. Ich stellte meine Tasche in eines der Zimmer und packte das Nötigste aus. Wir schauten noch irgendeinen Mafiafilm im Fernsehen. Patrick verschwand zwischendurch. Als er nicht zurückkehrte, ging ich hoch und sah, dass er versuchte, mein Bett zu beziehen.

»Bist du wahnsinnig! Das kann ich doch selbst.«

»Wenn du die Ecke dort nimmst.« Patrick zeigte auf die rechte obere. Die Bettwäsche war weinrot, und ich konnte mich nicht erinnern, jemals in weinroter Bettwäsche geschlafen zu haben.

»Sehr gut, das reicht, das reicht«, meinte ich, als Patrick noch die Kissen aufschüttelte.

»Okay, ich hoffe, du kannst schlafen«, sagte er vorwurfsvoll und meinte damit wohl den lauthals heulenden Wind vor den Fenstern.

»Ich bin hundemüde, ich kann bestimmt schlafen. Danke noch mal, dass ich jetzt nicht in Philipsburg sitzen muss.«

»Kein Problem. Platz ist ja genug da. Da drüben ist ein Schrank, wenn du was aufhängen möchtest. Handtücher sind im Bad, und hier geht das Licht an und aus.« Patrick zeigte auf die Lichtschalter. Ich bemerkte die tiefen Lachfalten in seinen Wangen, doch es fiel mir schwer, sein Alter zu schätzen. Ich streckte mich und gähnte. »Okay. Vielen Dank. Gute Nacht.«

Patrick fasste den Türgriff. »Gute Nacht.« Und dann schloss er die Tür.

Ich tat die ganze Nacht kein Auge zu. Vielleicht schlief ich mal ein und wurde dann von heulenden Sturmböen wieder geweckt. Ich öffnete immer wieder die Augen und starrte in die Dunkelheit. Eiseskälte pfiff durch die Fensterritzen, ich wickelte mich doppelt in die Decken und drehte mich von Seite zu Seite. Diese Nacht hatte etwas Unheimliches an sich. Das Haus symbolisierte irgendwie die große, kalte Welt, von der mein Vater immer gesprochen hatte. Dieses Haus war eine von ganz vielen Welten. Es war völlig fremd und unbekannt, und ich lag darin, um nach meiner Identität zu suchen. In diesem Bett spürte ich, wie riesig die Erde doch sein konnte und wie schwer es war, auf ihr ein Zuhause zu finden. Mit diesen Gedanken und an die Zimmerdecke starrend, wünschte ich mir sehnlichst den Morgen herbei.

Als ich aufstand und hinunter in die Küche ging, hatte Patrick schon Kaffee gemacht und war gerade dabei, geschälte Orangen in den Hals einer Saftpresse zu stecken.

»Guten Morgen. Trinkst du Orangensaft?«

Obwohl ich eigentlich nie Orangensaft und Kaffee zusammen trank, sagte ich: »Ja, gerne.«

Ich schlug die Karte auf und zeigte Patrick meine Route ins Gebirge nach Philipsburg. Er fragte noch mal, warum ich ausgerechnet einen Job als Ranchhand wolle, und ich sagte: »Ich habe diesen Traum, und vielleicht kann ich irgendwann mal darüber schreiben.«

Er verriet mir, dass er immer Dichter hatte werden wollen und einen Major in English Literature an der Columbia University in New York gemacht habe. Das fand ich bemerkenswert und bedauerte für einen kurzen Moment, dass ich nie auf der Uni gewesen war. Aber einen Major hätte ich womöglich selbst in Literatur niemals geschafft. Wir tranken Kaffee und Saft, er fand sonst nichts Essbares in seinen Küchenschränken. Patrick war nett, aber nach der schlaflosen Nacht wollte ich wieder alleine sein und mein Ziel weiterverfolgen. Ich rief von seinem Telefon das Hotel in Philipsburg an und kündigte meine Ankunft für den Nachmittag an.

Um zehn Uhr setzte mich Patrick an der *Wildflour Bakery* in Emigrant ab. Wir hatten E-Mail-Adressen ausgetauscht und gaben uns die Hände zum Abschied. Dann machte ich mich auf den Weg nach Norden.

7

Das Wetter hatte sich beruhigt, und die Sonne schien mittags so stark, dass ich die Sonnenbrille aufsetzte. Ich fuhr auf der I-90 immer geradeaus nach Norden. Ich hielt, um zu tanken, und fuhr dann weiter. Je mehr ich mich von Paradise Valley und Bozeman entfernte, desto weniger konnte ich das Gefühl »Oh Gott, das ist mir zu weit weg« unterdrücken. Ich durchquerte über zwei Stunden riesige Talsohlen, in denen sich nichts erhob, kein Tier, kein Baum, kein Fels, kein Strommast, keine Antenne – nichts, nur senfgelbes Gras. Ich überquerte einen Pass und kam in einen Ort namens Butte. Die Karte führte mich weiter nach Anaconda, also bog ich im nächsten Tal nach rechts auf eine einspurige Straße ab, die sich tiefer in die Anaconda Range schlängelte. Die Bergkette nannte sich »Pintlers«, ihr höchster Gipfel, der West Goat Peak, lag mehr als dreitausend Meter über Meer. Angesichts des Namens »Anaconda« musste ich unweigerlich an einen Thriller denken, der im Amazonas spielte und von dem ich vor über zehn Jahren lediglich die Vorschau im Kino gesehen hatte. Doch meine Assoziation war keine besonders angenehme.

In der Kupferminen-Stadt Anaconda ragten pechschwarze Schornsteine empor, die von ebenso rußgeschwärzten Fabrikgebäuden umgeben waren. Menschen sah ich kaum. Obwohl ich eigentlich hungrig war und gehofft hatte, irgendwo Mittag essen zu können, fand ich Downtown Anaconda nicht sehr einladend und beschloss, gleich nach Philipsburg weiterzufahren. Am Ortsausgang kam ich an Vorgärten vorbei, in denen Schaukeln und Kinderfahrräder neben abgestellten Rasenmähern standen. Vor einem Restaurant, das als *Last Restaurant in Anaconda* ausgeschildert war, standen ein paar Trucks. Doch nach Hamburger oder Steak war mir gerade nicht, also fuhr ich weiter. Die Straße führte tiefer in die Berge hinein. Sie war so kurvig, dass ich immer nur ein paar hundert Meter weit sehen konnte, weil sie sich dann wieder um einen Fels herum bog oder im Tannenwald verschwand. Immer höher wanden sich die Serpentinen, immer steiler fielen die roten Schotterhänge links von mir ab. Nur noch wenige letzte Espen wuchsen in der Höhe, doch ihr knochenfarbenes Geäst war blattlos und kahl. Am Horizont hingen vom Regen ausgefranste, graue Wolken über schemenhaft zu erkennenden Bergen. Kein Wagen kam mir entgegen. Mein Satellitenradio verlor den Empfang, der Sender *Vinyl Classics* wurde unhörbar, und ich machte das Radio aus.

Nach einigen weiteren Kurven schlängelte sich der *Old State Highway* in ein Tal hinab, und was von weitem aussah wie ein unendlich großer, kahler Raum, stellte sich als der von Eis und Schnee bedeckte *Georgetown Lake* heraus. Pechschwarz und bedrohlich wirkten die Wolkenmassen am hinteren Ende des Sees, doch die Sonne stand in einem Loch blauen Himmels, und ihr Licht ließ den Schnee und das grüne Eis glitzern.

Ich sah einige Gestalten in bunten Daunenjacken auf dem See hocken und wunderte mich sehr darüber. Ich hielt meinen Wagen am Straßenrand und sah genauer hin. Es waren Eisfischer, die vor ihren Löchern saßen und angelten. Ich ließ mein Fenster runter und holte meine Kamera hervor. Doch in dem Moment kam mir ein riesiger Truck auf der anderen Straßenseite entgegen und wirbelte Staub und Sand auf. Mit dem starken Wind, der über den See fegte, wurde der Straßenstaub direkt in mein offenes Fenster gewirbelt. Erschrocken fuhr ich das Fenster hoch und schüttelte den Sand aus meinen Haaren.

»Igitt!«, schimpfte ich. Ungehalten fegte ich den Dreck von meinen Hosen, dem Pulli, meinem Gesicht, dem Armaturenbrett, dann lenkte ich den Wagen wieder auf die Straße und ließ die Eisfischer hinter mir.

Nach einer knappen Stunde und nachdem ich einen weiteren Pass überwunden hatte, tat sich vor meinen Augen eine Landschaft auf, die so wirkte, als sei sie das Original jeder Landschaft. Stahlblauer Himmel spannte sich über die brachen Heufelder. Als hätte sich Gott einen olivgrünen Teppich ins Zimmer gelegt, rollten sie dahin. Tannenwälder wuchsen Berge hinauf und Täler hinab, hinter ihnen erhob sich eine geschlossene Reihe hoher Berge.

Ich konnte eine einzige Straße erkennen, die parallel zu hölzernen Strommasten nach Norden verlief. In der Ferne erhob sich ein großer, weiß leuchtender Haufen von ordentlich gestapelten Silageballen. Einzelne Pferde grasten in Senken.

Nach Philipsburg waren es von hier nur noch wenige Minuten. Es war die einzige Stadt weit und breit. Ich bog an der Main Street ab und war keine fünfhundert Meter gefahren, da sah ich links an der Brandwand die dicken, weißen Lettern: *The Broadway HOTEL.*

8

Vier Trucks, zwei blaue und zwei graue, hatten diagonal zur Fahrtrichtung geparkt. Es war Wochenende, und die Schaufenster aller Geschäfte waren verdunkelt. Eine amerikanische Flagge steckte in der Halterung einer Straßenlaterne und bewegte sich träge. Ich fuhr meinen Wagen auf den Parkplatz und stieg aus.

Ich klopfte an einer Tür mit Drehknauf und versuchte, durch die Spitzenvorhänge etwas zu erkennen. Da öffnete eine rundliche Dame mit kurzen weißen Haaren die Tür. »Du musst die sein, die den Job sucht!«

»Ja«, erwiderte ich erstaunt. Ich hatte keine Ahnung, woher sie wusste, was ich vorhatte.

»Komm rein, komm rein!« Sie winkte mich energisch ins Haus. »Susan hat uns alles erzählt!« Sie blickte mich an und realisierte, dass ich nicht wusste, von wem sie sprach. »Susan ist die Hotelbesitzerin. Du hast mit ihr telefoniert?« Ich nickte.

»Also, sie ist gerade mit dem Hund spazieren, aber sie hat uns von dir erzählt und uns Bescheid gesagt, dass du kommst. Wie lange du unterwegs gewesen sein musst! Sie sagte, du kämst aus Bozeman. Ich war lange nicht in Bozeman, aber vier Stunden fährt man da bestimmt.«

Ich brauchte einige Sekunden, um zu verstehen, denn die Dame wirkte in ihren Hausschuhen und dem blümchenverzierten Tagespyjama nicht wie eine Aushilfe der Rezeption. Ich stellte meinen Rucksack ab.

»Komm, komm, Süße!«, forderte mich die Dame auf. *»The German girl who wants to work at the Mungas Ranch is here!«,* verkündete sie sogleich, und zwei andere Damen hinter Nähmaschinen schauten von ihrer Arbeit auf.

»Hi, darling!«, riefen sie wie aus einem Mund.

Der Aufenthaltsraum des Hotels war offensichtlich komplett umgeräumt. Alle Sessel hatte man zur Seite geschoben, um für vier große Klapptische Platz zu schaffen. Lauter Staukisten, aus denen Stofffetzen quollen, standen herum, Bänder in tausend Farben hingen von der einen Tischkante, Setzkästen mit Garnspulen, Scheren, Nadelkissen und Mülleimer sah ich ebenfalls.

»Wir hörten, dass du eigentlich schon gestern kommen wolltest. Aber du bist wohl aufgehalten worden?«

»Ja«, sagte ich, »es tut mir leid.«

»Hauptsache, es war ein guter Grund«, schmunzelte die Dame. »Ich bin übrigens Elsa, das sind Betsy und Liz.«

Liz war eine korpulente Dame, die ebenfalls Pyjama trug, Betsy hatte einen Morgenmantel an und große Puschen an den Füßen. Die Nähmaschinen knatterten, und Liz schnitt Stoffstücke zurecht.

»Wir treffen uns hier immer mal wieder ein Wochenende lang, um Quilts zu nähen«, erklärte Betsy – und fügte hinzu: »Und um uns Urlaub von unseren Männern zu gönnen.«

Wir lachten alle.

»Susan erzählte, du bist ganz alleine?«, fragte Elsa. »Wie ist das denn möglich? Und was willst du auf der Mungas Ranch denn arbeiten?«

Ich setzte mich, atmete erleichtert und auch amüsiert durch, und während die Nähmaschinen weitersummten, begann ich, von meinem Cowboytraum zu erzählen.

9

Später bezog ich mein Zimmer und ging gegen sieben Uhr auf die andere Straßenseite in die *Club Bar* – die einzige Gaststätte, die geöffnet hatte. Niemand hier setzte seinen Hut zum Essen ab. Die Frauen hatten alle aufwendige Frisuren und gekonnt aufgetragenes Make-up. Neben mir bestellte ein Cowboy in T-Shirt Tomatensaft mit Bier. Die blonde Bedienung hinter der Bar schien ihren Job zu lieben, wirkte aber ziemlich kernig, und ich wusste nicht recht, ob ich einen Faustkampf gegen sie gewonnen hätte oder nicht. Männer an Tischen kauten stumm ihr Essen und fingen manchmal unvermittelt an, aus vollem Herzen zu lachen. Im Fernsehen lief die Meisterschaft des College-Basketball.

Ich saß sehr lange in der Bar und kehrte erst spät ins Hotel zurück. Die drei Frauen saßen noch immer an ihrer Arbeit und schwatzten. Ich wechselte ein paar Sätze mit ihnen und ging dann hoch auf mein Zimmer. Dort setzte ich mich in mein Bett und schrieb Patrick eine Mail:

Patrick, also ich finde Philipsburg toll. Es ist zwar nicht wirklich das, was man eine roaring town nennen würde. Es besteht aus drei Häusern und einem gift shop. Der Rest scheint geschlossen zu sein. Aber es weht kein Wind! Es ist atemberaubend schön und irgendwie gemütlich. Ich will noch weiter nach Missoula und weiß noch nicht, wann ich wieder in Bozeman bin. Ich melde mich.

Louise

Früh am nächsten Morgen nahm ich mein Frühstück mit Susan – der Hotelbesitzerin – ein. Sie hatte einen britischen Akzent und war voller Vorfreude auf einen Urlaub in Andalusien, den sie für den Herbst plante. Sie wollte, wie schon am Telefon, alles ganz genau von mir wissen: woher, warum, wie lange. Sie fand mein Vorhaben, nach Montana umzusiedeln, sehr abenteuerlich.

»*You foolish thing!*«, sagte sie lachend und holte dabei Muffins aus der Mikrowelle. »Schön ist es hier schon, aber ich freue mich auf Spanien.« Sie seufzte und goss mir Kaffee nach.

Gegen zehn Uhr fuhr ich mit dem Auto von Philipsburg weiter durchs gleichnamige Philipsburg Valley, das flankiert wurde von den hügelartigen, von Gras und einigen Nadelbäumen bewachsenen Ausläufern der Long John Mountains. Es gab hier schon Ranches, aber die musste man erst mal finden. Schließlich waren die Ranchhäuser von Hunderten Kilometern Land umgeben, und es konnte sehr gut sein, dass man stets nur an den Grenzen der Grundstücke entlangfuhr. Ich war mit einer romantischen Vorstellung nach Montana gekommen und realisierte hier, wie auch in Patricks Haus, dass ich in eine Welt übersiedeln wollte, in welcher der Mensch wie die Ameise gnadenlos untergehen konnte. In manchen Momenten erschien mir mein ganzes Vorhaben ganz und gar sinn- und ziellos.

Die Straße führte mich durch ein Tal, für dessen Beschreibung die Worte ausgestorben scheinen, kaum ist es mir möglich, das Aussehen der Hügel, die Scheunen mit ihren stellenweise löchrigen, geschindelten Tonnendächern und den Grad der Verwitterung der zum Bau ihrer Wände verwendeten Holzbretter, die Schlichtheit und Grazie der Telefonmasten und die trägen zotteligen Pferde in den Wiesen zu beschreiben. Die wenigen Zeichen menschlicher Zivilisation wurden von der Wucht der Natur so übertrumpft, dass sie wie künstlerisch verkommene Überreste eines längst vergessenen Volkes wirkten.

In der Nähe einer Farm hielt ich an, um mir alles genauer anzusehen, um die Luft zu riechen – und in der vagen Hoffnung, vielleicht irgendwen anzutreffen. Ein matschiger Pfad führte zu einer Ansammlung von Stallungen. Die Abdrücke von Traktorreifen hatten sich in die pechschwarze Erde gegraben, und Regenwasser lag in den Pfützen zwischen den Erhebungen wie flüssiges Quecksilber. Hinter grauen Rundballen verrottenden Strohs standen ein Traktor und windschiefe zusammengezimmerte Hütten. Die Bretterwände der Blockhütten waren bleich und verwittert, die Dächer teils mit dünnem Eis oder sattgrünem Moos überzogen. Man hatte ein Labyrinth von Lattenzäunen um die Gebäude herum errichtet, darin standen vier Pferde mit gespitzten Ohren und hielten ihre Nasen in meine Richtung. Ein Kabel verlief zwischen zwei schiefen Strommasten, an dem einen baumelte eine Lampe. Unter einem glaslosen Fenster, dessen einer Flügel halb geöffnet war, stand eine Zinnwanne. Neben dicken Kabelrollen ragte ein Autoreifen aus einem Haufen abgelegter Geräte heraus. Es waren die letzten Märztage, doch ich ging durch hartnäckige Schneereste auf eines der Pferde zu. Es hatte bemerkenswert gesunde Hufe, weißes Winterfell und eine ungekämmte lange Mähne. An seiner Stirn war eine Schramme schwarz verkrustet, und seine halbgeschlossenen Augen ließen darauf schließen, dass es noch döste. Der Wind spielte in seinem Schweif, was das Tier durchaus zu genießen schien.

»Du hast es gut«, dachte ich.

Kein Vogelgeschrei, kein Autobrausen drang an mein Ohr, nirgends waren auch nur Spuren eines Menschen zu sehen. Über den Köpfen der Tiere und mir nur die Wolken, die sich in ihrem riesigen Gebiet, dem Himmel, frei bewegten.

»Hier ist niemand«, dachte ich und ging zurück zu meinem Auto. Ich fuhr weiter gen Nordwesten bis Missoula, eine größere und die zweite Universitätsstadt Montanas. Dort setzte ich mich mit meinem Notizbuch und dem Laptop in ein Café und schrieb.

10

Am nächsten Morgen wurde ich auf der Mungas Ranch erwartet. Sie lag am Fuß eines langsam ansteigenden Gebirges, das teilweise von Tannenwald bewachsen war und in dessen Schattentälern auch immer noch der Schnee lag. Rechts und links hinter dem Stacheldrahtzaun, an dem ich stand, lagen, so weit das Auge reichte, die ockergelben Weiden. Auf einem großen Stein stand in rot nur der Name *Mungas,* und daneben hing ein Schild mit der Aufschrift *Grizzly Country.* Vom Gatter aus konnte ich das alte Ranchhaus sehen und die kleinen, rot gestrichenen Schuppen, die man drumherum gebaut hatte. Ein weißer Chevrolet Suburban stand da, einen ebenfalls weißen Trailer hatte man neben dem Haupthaus geparkt. Ich sah einen Traktor, aber sonst kein Zeichen von Leben. Der Ort wirkte verlassen. Ich sah weder Kühe noch Pferde, und da sank mir doch das Herz in die Hose. War ich eigentlich völlig bescheuert, einmal um die halbe Welt zu dieser Ranch jenseits aller Zivilisation zu reisen, wo ich doch ganz offensichtlich nichts zu bieten hatte, das man für einen Job hier wissen musste?

Ich blieb einige Minuten in der Morgensonne stehen und überlegte mir, ob ich es nicht einfach lassen sollte. Ich würde mich lächerlich machen!

Ich fuhr, da ich nun den ganzen Weg gekommen war und es undenkbar war, meinem Vorhaben unverrichteter Dinge wieder den Rücken zuzukehren, trotzdem durchs Gatter zum Haus hoch.

Mr. Mungas hielt sich in seiner Werkstatt auf und schweißte ein Metallteil an den Stoßdämpfer seines Trucks. »Schneepflugreparatur«, klärte er mich auf. Er schob seine

Schweißerbrille auf die Stirn hoch und begrüßte mich. Es war schwer, sein Alter zu schätzen, er konnte verwitterte fünfzig sein oder sechzig, wovon dreißig Jahre ihre Spuren in seinem Gesicht hinterlassen hatten. Er hatte einen Dreitagebart, trug Jeans, die seit Wochen nicht gewaschen worden waren, ein entsprechendes Flanellhemd, und seine großen Hände waren so schwarz, als sei er gerade aus dem Kohlenkeller gekrochen.

»Wo kommst du noch mal her?«, fragte er mich.

»Aus Berlin«, sagte ich und sah mich um. »Und Sie?«

Er lachte: »Ich komme ursprünglich aus Arkansas, aber dann habe ich in Texas gelebt und gearbeitet.«

»Und wie sind Sie dann in Montana gelandet?«, fragte ich und fühlte, wie ich etwas neidisch auf den alten Cowboy war, dass er in Arkansas und Texas gelebt hatte und ich nicht.

»Die Liebe«, seufzte er lächelnd. »Die Liebe. Mein *Boss Man* heuerte mich damals an, eine Herde Longhorns von Texas nach Des Moines in Iowa zu treiben. Es war mein letzter Treck. Und es wurde ein Höllentreck. Einer unserer Männer ertrank im Fluss, wir bekamen einmal sechzig Stunden lang keinen Bissen Essen zwischen die Zähne – sechzig Stunden! –, wir zogen einen halben Tag lang Rinder aus dem Schlamm, die Fliegen waren schlimmer, als ich sie jemals erlebt hatte – und die glühende Hitze verbrannte mir die Haare auf den Handrücken. In Iowa ließ ich mich auszahlen, packte meine Sachen und fuhr per Anhalter eine Nacht und einen halben Tag nach Montana. Dort lernte ich sie kennen. Sie war Krankenschwester im Krankenhaus in Billings, Montana. Das ist nun über vierzig Jahre her.«

Wow. Ich traute mich nicht, nach dem Verbleib seiner Liebe zu fragen, offensichtlich lebte sie nicht mehr hier.

Mr. Mungas legte die Schweißerbrille ab: »Komm, du

willst bestimmt die Pferde sehen.« Ich war erleichtert – es gab doch welche!

Gebeugt ging er raus in die Sonne. Ich folgte ihm. Er ging trotz seiner schweren Schultern zügig und mit elastischen Bewegungen, er wandte sich immer kurz nach mir um und stellte mir weitere Fragen. Oft suchte ich nach glaubwürdigen Antworten und hoffte so sehr, dass ich an einem Ort wie diesem ein Pferd einreiten oder vielleicht mal ein Rind aus dem Schlamm ziehen könnte.

Wir betraten eine Scheune und gingen geradewegs auf eine Kammer zu, in der Sättel und Zaumzeuge hingen. Die vier Boxen waren leer, altes Heu hing aus den Futtergittern, das Licht der Sonne schien durch die Ritzen in den Brettern der Außenwände, und es roch nach Spänen und trockener Erde.

»In diesem Frühjahr wurden schon elf Fohlen geboren«, sagte er stolz und schaufelte etwas Hafer in einen Eimer. »Mal sehen, ob wir sie finden.«

Die hügelige Weidefläche war trügerisch. Man konnte nicht erahnen, wie weit das Tal war, das sich hinter einer Kuppe auftat, und hatte man dieses durchschritten und eine weitere Anhöhe erklommen, tat sich das nächste auf. Nun sah ich auch, dass Wasserkanäle in den Weiden Wasser führten, und links von uns begann hier und da schon der Tannenwald. Von der Straße aus hatte ich nichts von alldem erahnt.

»Ich finde ja gut, dass du den ganzen Weg gekommen bist, um dir alles anzuschauen. Ich hoffe, du verlierst deinen Wagemut nicht, auch wenn das hier nichts für dich sein sollte. Die Arbeit ist hart.«

»Ich kann hart arbeiten«, sagte ich zu meiner Verteidigung.

Er schüttelte den Kopf. »In deinem Alter musst du auf der Suche sein.« Er summte, wie ein alter schwarzer Blues-Sänger, dann fuhr er fort: »Wie oft denke ich an meine alten Tage auf dem Treck zurück. Hätte ich die Erinnerungen nicht, was hätte ich dann hier draußen? An einem Ort wie diesem musst du mit dir im Reinen sein, sonst hältst du das nicht aus. Ich habe alles gelebt und muss nirgendwo mehr hin. Meine Söhne sind nach Kalifornien und Georgia gegangen – wer weiß, ob sie jemals wiederkommen. Wer weiß, ob du jemals wiederkommst.« Er zuckte die Schultern und hatte ein Lächeln im Gesicht. Ich sah zu Boden. Nein, ich wollte meinen Wagemut nie verlieren. Auch hier nicht, in dieser erbarmungslosen Weite.

Mr. Mungas pfiff schrill und laut durch die Zähne. Er rief nach seinen Pferden, und ich schaute wieder in die Ferne und hörte angespannt in die Stille.

»C'mon boys, c'mon girls!« Er pfiff wieder und schüttelte den Eimer.

Und da – nach einer vollen Minute Stille – erklang das Donnern von Hufen. Mr. Mungas pfiff noch einmal. Wieder rief er die Pferde zu sich, ich war sprachlos. Aus dem Nichts kamen sie den Hügel hinabgaloppiert. Eine ganze Herde, ich hatte keine Zeit, sie zu zählen, aber ich schätzte ihre Zahl auf etwa zwölf Tiere. Sie näherten sich uns. Prächtige Tiere waren es. Kaltblüter, Wagenpferde, ihr Fell fuchsrot in der Sonne glänzend, ihre Mähnen und der lange Kötenbehang – die Haare, die bei dieser Rasse an der Fußfessel wachsen – wehten im Wind. Sie schnaubten, stemmten ihre schweren Vorderfüße in die Erde, und der anführende Hengst schüttelte majestätisch seinen Schädel. Ich war ganz starr von dem Anblick. Zwei kräftige Fohlen, heller als die erwachsenen Tiere, hüpften ebenfalls herbei.

Doch während der Hengst sich in Halbkreisen um uns herumbewegte, blieben sie im Schutz ihrer Mütter. Ich hatte diese edlen Rassepferde noch nie so frei, so wild erlebt. Mr. Mungas hielt den Futtereimer an seiner Seite, machte aber keine Anstalten, eines von ihnen zu füttern. Er stand da, umgeben von seinen Tieren, und erklärte mir, dass sie eine Züchtung aus dem Suffolk Punch und dem Cleveland Bay seien, daher wirkten sie leichter, behender als die Reinrasse, doch sie hatten breite Schultern und ein Stockmaß, das locker 1,70 Meter erreichte. Sie wurden nicht geritten, und er züchtete sie nicht, der Hengst deckte seine Stuten, wenn ihm danach war. Das eine Fohlen kam unter dem Bauch seiner Mutter hervor, näherte sich und reckte mir seine hellen Nüstern entgegen. Ich streckte meine Hand aus und strich ihm über die Stirn. Dann hob es ruckartig seinen Kopf, wandte sich um und stupste seine Mutter wieder am Rumpf. Das andere Fohlen hielt sich zurück, es versteckte sich.

Mr. Mungas nutzte seine Pferde für die Holzung im Wald. Drauf gesessen habe er lange nicht, sagte er, er fühle sich zu alt. Nachdem einige Minuten, in denen wir neugierig zurückhaltend beschnuppert wurden, verstrichen waren, wandte sich die Herde zum Gehen, das heißt, der Hengst ging weiter seines Weges, und alle folgten ihm.

Ob er sie verkaufe, fragte ich und sah mit Mr. Mungas dabei zu, wie die Herde schnaubend weiterzog und hinter der nächsten Hügelkuppe verschwand. Er seufzte: »Die kleinen Fohlen, die kann ich verkaufen, aber an meinen Stuten hänge ich zu sehr.«

Wir gingen über die Weiden zurück. Eine weitere Herde sei weiter oben am Berg. »Vielleicht finden wir sie auf unserem Rückweg.«

Die Schultern schwer und mit großen Schritten marschierte er zur Ranch zurück. Im Gespräch mit Mr. Mungas wurde mir erstmals bewusst, dass ich mehr als nur ein Visum brauchte, um auf einer Ranch zu arbeiten. Ich brauchte vor allem Erfahrung.

Wir standen in der Küche des Hauses, als ich Mr. Mungas dafür dankte, mich empfangen zu haben.

»Lass dir Zeit«, sagte er lächelnd. »Überlege dir gut, ob das hier was für dich ist.«

»Ich weiß, ich muss auf Sie wie ein totaler Grünschnabel wirken, aber ich will einen solchen Job. Ich muss noch viel lernen, aber ich habe keine Angst«, sagte ich.

»Du bist jederzeit willkommen. Irgendetwas zu tun gibt es immer. Zwei, drei Leute habe ich bereits eingestellt, doch das sind Saisonarbeiter, und die sind nicht für die Pferde da. Meine Rinder sind irgendwo da draußen auf den Winterweiden – ist aber ein bescheidener Herdenbestand. Im Sommer verkaufe ich zwei Heuschnitte in kleinen Ballen, das geben meine Felder her, und im Frühling fälle ich das Holz für Feuerholz. So kommt man hier gerade so durch.«

»Ich werde wiederkommen, Mr. Mungas«, versprach ich ihm. »Ihre Ranch hat was vom alten Westen, und das mag ich!«

Zum Abschied gab der alte Farmer mir ein Glas Tannenhonig von seinen Bienen mit. Und er sagte zu mir: »Als ich nach Montana kam, glaubte ich, es sei mir endlich geglückt, an einem Ort in Frieden zu leben. Ich habe damals die Bodenbretter hier im Wohnzimmer festgenagelt und hatte keine Ahnung, dass ich mich erst am Anfang einer langen, beschwerlichen Reise befand. Lass dir Zeit mit deiner Entscheidung. Das Leben hier draußen ist nicht leicht, und du bist noch sehr jung.«

Ich verstand und verstand doch nicht. Ich versuchte, dem älteren Herren die Situation mit dem Visum zu erklären. Für ein sechsmonatiges Arbeitsvisum brauchte ich die Zusage für eine Arbeitsstelle, ein Schreiben von ihm und eine Art Gesuch, das erklärte, warum ich für die Arbeit geeignet war. Schon bei letzterem fing das Problem ja an – warum um alles in der Welt sollte ich, die ich ja praktisch nichts von dem konnte, was man als Cowhand tat, für einen Job auf seiner Farm geeignet sein?

Wenn ich heute zurückschaue, dann weiß ich, dass ich damals keine Ahnung hatte. Ich befand mich erst ganz am Anfang einer noch langen, beschwerlichen Reise.

Am zweiten Tag nach meinem Besuch auf der Mungas Ranch fuhr ich zurück nach Livingston. Ich hatte noch achtundvierzig Stunden bis zu meiner Rückreise nach Berlin – und irgendwas in mir wollte Patrick noch mal sehen. Also fasste ich mir ein Herz und rief ihn an. Doch er ging nicht ans Telefon. Ich schrieb ihm eine Mail.

Patrick, ich dachte, ich rufe vom Highway aus an, weil ich vermutete, mich bei Deiner Mail-Adresse vertippt zu haben … Es ist so herrlich gewesen in Philipsburg! Wieder nach Livingston zu fahren ist, als kehre ich in die Zivilisation zurück. Ich denke, ich werde so gegen Mittag eintreffen, und es ist ein traumhafter Tag. Wir sollten noch mal rausgehen – hast Du Zeit?
Was meinst Du?
Wandern?

Louise

Ohne eine Antwort von Patrick kam ich wieder in Livingston an. Ich saß unter blauem, wolkenlosen Himmel am Ufer des Yellowstone River auf einem Bett aus abgeschliffenen Steinen. Das Wasser rollte vorüber und bewegte sich weg von mir. Ich fühlte mich, als würde ich rücklings im Meer treiben. Da war ein Gefühl, einfach nirgends anzustoßen, da war nichts, was mir weh tat oder mir Schmerzen zufügte. Niemand sah mich vorwurfsvoll an, und es gab nichts, was mich traurig stimmte. Es beängstigte mich, dass der Zustand der »Freiheit« tatsächlich nur die Begleiterscheinung dessen war, nichts mehr zu verlieren zu haben. Die Sehnsucht nach einem Leben hier am Ufer des Flusses war so dominant – ich war bereit, mich ihr zu unterwerfen.

Die Gedanken an Berlin engten mich ein. Dachte ich an Deutschland, fühlte ich mich, als lebte ich dort wie domestiziertes Wild, wie ein Mustang mit gebrochenem Willen. Ich wollte kein zahmes Großstadtleben führen! Ich wollte Farmer und Cowboy werden!

Ich nahm einen Stein auf und drehte ihn in meiner trockenen Handfläche. Ich dachte darüber nach, was die ganzen Blues-Sänger wie Son House, Lightnin' Hopkins, Big Bill Broonzy oder Muddy Waters angetrieben hatte, ihre Geschichten zu erzählen. Strebte der Blues nicht auch nach der ultimativen Freiheit? Schließlich heißt es in den Songtexten »*Long gone – like a turkey through the corn*«, »*I got the key to the highway, yeah, billed out and bound to go*«, »*Gone with the Wind*«, »*Got to move*«. Auch diese Menschen beschäftigte das Gehen. Ich überlegte, dass, wenn meine Literatur Musik wäre, ich dann auch den Blues sänge. Ich würde so traurig, so tief das Gehen und Nie-wieder-Kommen besingen wie die Schwarzen, die mit ihrer Gitarre im Schaukelstuhl auf der Porch saßen und abends ihre Lieder zupften.

Ich bemerkte aus meinen Augenwinkeln ein paar Jungs, die zu mir herüberschauten. Sie waren mit einem roten Pick-up gekommen und ließen ihr Schlauchboot ins Wasser. Wie Fischer sahen sie nicht aus – eher wie Freunde aus dem College, die sich für ein Junggesellenwochenende in Montana verabredet hatten. Sie setzten sich auf ihre Kühlboxen und gaben sich gegenseitig Feuer für Zigaretten. Ich wandte meinen Kopf und beobachtete sie. Einer von ihnen hob seine Hand und winkte mir mit einer Bierdose zu. Unvermittelt musste ich lachen. Ich winkte zurück.

Es gab so viele Menschen auf dieser Welt. Da war es doch total egal, zu welchen man sich zugehörig fühlte und zu welchen nicht. Oder?

11

Es war mein letzter Abend in Montana. Ich saß in der Pine Creek Lodge und aß ein Steak. Die Musikerin, die an jenem Abend in der kleinen Kneipe auftrat, spielte Harfe. Sie stellte ihr Lied als »Das Lied vom Regen« vor. Der Klang machte mich schläfrig, und das Lied fand kein Ende. Im Fenster hinter der Harfenspielerin sah ich den Unterboden und das Rad eines geparkten Trucks. Neben mir saß ein älterer, kurzhaariger Mann, der mit dem Fuß wippte.

»Wie ist dein Steak?«, sprach er mich an.

»Ausgezeichnet.«

»Du solltest am Donnerstag herkommen, da spiele ich hier mit meiner Rock-Blues-Band.«

Meine Stimme brach, als ich ihm sagen musste, dass ich

vorher abreiste. Wir kamen ins Gespräch, ich erzählte ihm von meinen Plänen, und er sagte, wenn ich einen Job auf einer Ranch suche, könne er mir hier drinnen vier Leute nennen, die mich sofort einstellen würden.

»Wenn es doch nur so einfach wäre«, dachte ich. Ich war ein Besucher in Amerika, zwischen dem Besucherstatus und einer Arbeitsstelle mit gültigem Visum stand ein anscheinend unüberwindbarer Berg voll bürokratischer Notwendigkeiten. Ich stammte nun mal nicht aus Texas. Ich kam aus Deutschland, und ohne das entsprechende Arbeitsvisum konnte ich mein Vorhaben in Montana vergessen.

Ich erwartete keine Antwort mehr von Patrick, und ich schalt mich, überhaupt gehofft zu haben, dass ein wildfremder Mensch Interesse an mir haben sollte. Ich verließ die Pine Creek Lodge und nahm mir ein Zimmer im berüchtigten, historischen *Murray Hotel* in Livingston. Die Wildwest-Helden Buffalo Bill und Calamity Jane waren hier einst abgestiegen, Sam Peckinpah hatte sich die größte Suite für Dreharbeiten gemietet, es wurde als eine der »heißesten Touristenattraktionen in Nordamerika« beworben.

Ich stellte mich an die Bar des Hotels, vor mir mein Notizbuch und ein Glas Gin, und hoffte auf einen fürchterlichen Schneesturm, der für die nächsten 24 Stunden alles lahmlegen würde, damit ich nicht abzureisen brauchte.

Eine Band spielte Tom Petty and the Heartbreakers' *Here Comes My Girl*. Ich vermisste nichts und niemanden und bestellte mir einen zweiten Gin. Um mich herum nahm ich langhaarige Frauen in Jeans und Strass wahr, die Bier tranken. Mehrere Jungs mit bis zum Saum des T-Shirt-Ärmels braungebrannten Armen und Gesichtern sammelten sich an der Bar und an den Spieltischen. Sie trugen Basecaps von verschiedenen Hockey- und Footballteams. Die meisten hatten Bärte im Gesicht, und diejenigen, die um den Billardtisch herumstanden, begannen sich übers Forellenfischen zu unterhalten.

»In Wyoming kann man am besten Forellen fischen. Viel besser geht's nirgendwo, Mann. Das sind echt die besten Forellen dort. Und warum? Weil das Wasser eine konstante Temperatur von fünfundsiebzig Fahrenheit hat – ich meine, wenn du im Canyon fischst. Echt gute Viecher da drin – gutes Forellenfischen in den Gewässern.«

Ein anderer breitschultriger Kerl stieß zur Gruppe dazu. Sie tauschten sich kurz aus, dann fuhr der Fischer mit dem Queue auf die Stiefelspitze gestützt fort, über die Forellen zu reden.

»*Got to be fucking kiddin me!*«, rief der Breitschultrige an einer Stelle aus und stieß die weiße Billardkugel an.

Nachdem ich das zweite Glas Gin ausgetrunken hatte, zog ich mich auf mein Zimmer zurück. Noch ein letztes Mal prüfte ich meine E-Mails – und siehe da!

Hi Louise, ich habe versucht, Dich anzurufen, bin aber nicht durchgekommen. Es war schön, Dich kennengelernt zu haben, ich hoffe, Du hast eine gute und sichere Rückreise. Und ich hoffe, Du kriegst Deinen »place to live« in Montana.

Patrick

An meinem letzten Morgen fühlte ich mich auf einmal sehr einsam – all die Schönheit Montanas erschien mir nun wie ein böser Traum. Ich glaubte mit meiner Abreise das Risiko einzugehen, vielleicht nie wieder zurückkehren zu können. Aber ich konnte auch nicht einfach bleiben. Wie war Patrick eigentlich hier in Montana gelandet? Ich hatte ihn gar nicht darauf angesprochen und warf mir vor, ihm viel zu wenig Fragen gestellt zu haben.

Mich überkam die Trauer wie eine Lähmung. Als hätte ich das Glück des Raumes nie gespürt.

Als ich morgens meinen Kaffee trank, wartete ich noch auf ein letztes Zeichen von Patrick, doch es kam nichts. Vor dem Fenster fielen dicke Flocken vom grauen Himmel, doch kein Schnee blieb liegen.

Nur einige Stunden später saß ich im Flugzeug nach Deutschland.

12

Dann war ich wieder in Berlin – so schlagartig, wie sich dieser Satz liest. Schon nach den ersten Tagen holte mich das Heimweh nach Montana ein. Ich wurde sehr traurig. Ich lag im Bett, starrte auf die kahlen Linden vor meinem Schlafzimmerfenster, fand keine Antworten auf meine Fragen, wie ich mein Leben weiter gestalten sollte, und wollte mit niemandem darüber reden.

An Ostern kam ich nicht mehr aus dem Bett raus. Ich war zu schwach, um aufzustehen, ich war von der Trauer gelähmt. Ich konnte mich nicht bewegen, es schien, als würde ich innerlich zerbröseln, als wäre mein ganzes System dabei zu kollabieren. Ich konnte nur ins Kopfkissen weinen und schlafen. Vier ganze Tage lang. Ich dachte an Selbstmord und stellte mir haargenau vor, wie ich vom Balkon stürzte. Das Bild von rotem Wasser in der Badewanne setzte sich hartnäckig in meinem Gehirn fest. Ich stellte mir vor wegzulaufen, so, wie ich es schon etliche Male in meinem Leben getan hatte. Ich malte mir aus, wie es wäre, nichts mehr müssen zu müssen. Nie mehr mein Dasein vor anderen rechtfertigen zu müssen, erklären zu müssen, was ich tat und warum. Ich konnte den Gedanken nicht ertragen, bis an mein Lebensende an einem Ort zu leben, an dem ich gar nicht leben wollte. Ich wollte an einen Ort, an dem ich mich wie ich selbst fühlte.

5. 5. 2012
Exakt einen Monat ist es her, dass ich aus Montana zurückkam. Seither kein Wort niedergeschrieben – nicht mal das Notizbuch konnte ich aufschlagen. Mein Kugelschreiber ist auch vertrocknet.
Dann kam die Besserung an einem Mittag – vielleicht Dienstag. Meine Tod-Traurigkeit war überwunden, und eine ungeahnte Stärke machte sich in mir breit. Es war, als wisse mein ganzes Ich: Montana existiert, ich bin dort gewesen, und ich kann jederzeit zurück.

Wenn ich die Nachbarn beim Italiener oder im Café traf, lachten sie und bemerkten, wie gut ich aussah! Ich aber spürte nur den blanken Hass und tierischen Neid auf ihr Glück, ihre anscheinend perfekt eingerichteten Leben. Meines lag in Scherben, und ich wusste es. Nichts wollte ich hören von ihren Urlauben, den Schulwechseln ihrer Kinder, ihren Abenden in gerade erst eröffneten Berlin-Mitte-Restaurants, und dabei hatte ich vor zwei Jahren noch ähnliche Geschichten erzählt und mit ihnen gelacht. Ich hasste die lauten Absätze, ihre Bundfaltenhosen, ihr Make-up – ich brauchte Whiskey, um das auszuhalten. Ich wurde so zornig wie ein Monster.

14.9.2012
Seit gestern überlege ich, wie ich aus Deutschland wegkomme. Ich denke über den Tod, das Sterben nach – die einfachste Version des Verschwindens. Ich denke daran, endlich aufzugeben, mich aller Verantwortung zu entziehen, wegzugehen, weit weg, um zu leben.

Es wurde Sommer, es wurde Herbst. Schöne Septembertage kamen und gingen. Ich wünschte, ich könnte ein Stein sein. Ich fuhr in den frühen Morgenstunden zu einem See und ging schwimmen. Manchmal hatte ich nicht mal einen Badeanzug oder ein Handtuch dabei. Das tat mir gut. Ich konnte nicht genug bekommen von dem eiskalten, seidigen Wasser. Es umfing mich und nahm mich in seinem großen Schoß auf.

Ich liebte das Gefühl, mich frei bewegen zu können, wenn alles an mir kribbelte, liebte es, meinen Körper zu spüren. Ich tauchte ein, unter und aus – im Wasser ein Kinderspiel.

Doch rutschte ich dann wieder in die Falle des *Sein-was-ich-nicht-bin,* fand ich mein Leben unerträglich. Ich hatte den Eindruck, dass ich mir eigentlich etwas vormachte, einfach um in der Stadt unter all den anderen, die sich etwas vorzumachen schienen, zu bestehen. Alle erklärten mir oder sich gegenseitig die Welt, und dabei machte doch am Ende sowieso jeder aus ihr, was er wollte.

Ich fühlte mich unwohl in Gesellschaft und zog mich zum Schreiben mehr und mehr zurück. Abends im Bett dachte ich darüber nach, ob ich denn jemals noch mal jemanden treffen würde, der vielleicht mit mir *zusammen* weggehen würde? Aber die Frage oder die Hoffnung auf so einen Jemand war völlig sinnlos – manche Dinge blieben ungewiss, und am Ende ist es genau diese Ungewissheit, die einen unerbittlich antreibt.

30.10.2012

Noch immer spüre ich den Drang wegzugehen. Ich will die Vernunft abschalten und tun, was ich fühle. Hier fühle ich nichts als Verlorenheit und Unruhe. Ich kann nicht mehr zuhören, bin zynisch geworden und fühle mich furchtbar alt. Ich empfinde keine Lust mehr, keine Lust mehr zu reden. Ich fange an, Listen in meinem Kopf zu erstellen, was ich alles erledigen müsste, bevor ich wegfahre – weggehe – wegfliege. Ich müsste Briefe schreiben, müsste einen Tag abwarten und das Pferd irgendwo unterbringen.

13

Bei allem Schönen, das ich in Montana erlebt hatte, blieb ich aus irgendeinem Grund unglücklich. Ich musste neu beginnen, alles schrie doch danach. Doch nichts im Leben geschieht sofort und unmittelbar. Wir leben nicht in Filmen, wo einzelne Szenen zusammengeschnitten werden. In der Realität müssen wir uns jeden Abend wieder ins Bett legen und jeden Morgen wieder aufstehen und zwölf Stunden lang entscheiden, was wir tun wollen. Alles im Leben brauchte diese Zeit.

Ich suchte eine Psychologin auf, sie fragte mich nach Geborgenheit. Ich wusste nicht, wie sich Geborgenheit anfühlen sollte. Geborgen fühlte ich mich in dieser Welt nicht. Ich erzählte ihr, dass ich wegwollte aus Deutschland, weg von diesem Ort, an dem ich lebte und unglücklich war. Und sie sagte, es sei gut, wenn man manchmal Situationen aushalte, denn in dem Aushalten könne man gleichzeitig erstarken.

Auch nach diesem Gespräch wusste ich nicht weiter. Nicht zu dem Zeitpunkt. Das Gehirn und die Psyche funktionieren nach einer seltsamen Matrix, die man oft erst Monate später entschlüsseln kann.

Ich trank keinen Gin mehr, sondern Whiskey, und ich rauchte ab und zu eine Zigarette. Ich rasierte meine Haare ab und wurde im Winter sehr blass.

Nach Liebe sehnte ich mich. Nach einem starken Mann. Und die Sehnsucht war manchmal kaum zu ertragen, denn ich wusste nicht, wie lange ich sie würde aushalten müssen.

Ich malte Bilder von Montana. Der Arm tat mir weh, weil ich die Ölkreide so fett aufs Papier auftrug. Bis 2.30 Uhr

morgens malte und rauchte ich, und dann wusch ich mir die mit Pigment vollgeschmierten Hände und verspürte Zufriedenheit. Das Bedürfnis, sehr dünn zu sein, schlich sich ein, jeden Tag wollte ich Krafttraining machen. Und ich dachte daran, mich tätowieren zu lassen. Rückblickend schien es, als hätte ich die Weiblichkeit an mir nicht ertragen können, als könnte ich diesen Kampf gegen die Verzweiflung und Einsamkeit nur als männliches Wesen führen.
Doch warum glaubte ich, dass Männer solche Kämpfe besser führten als Frauen?

Dann, eines kalten Novemberabends, stand ich mit einer Zigarette in der Balkontür und lauschte, wie sich die Linden im Wind wiegten, und da beschloss ich: Ich würde nach Montana zurückgehen. Ich würde mich in vier Monaten, genau ein Jahr nach meinem ersten Besuch, wieder Ende März auf den Weg in den Westen machen. Auf einmal war mir völlig klar, dass ich zurückmusste. Ich wollte einfach nur nachsehen, ob Montana noch da war.

Ich drückte die angerauchte Zigarette unter meiner Schuhsohle aus und setzte mich an den Computer, um den Flug zu buchen.

14

Vor meiner Abreise klopfte ich wieder bei Patrick an. Er war, vielleicht neben Mr. Mungas, der einzige Kontakt da draußen, an den ich anknüpfen konnte. Er war das Ende eines langen Taus, an dem ich mich hochziehen konnte. Wenn ich ihn treffen könnte, wäre das schon fast »eine Freundschaft in Montana«.

Er antwortete auf meine E-Mail, fragte nach meinen Plänen, und da ich keine hatte, verabredeten wir uns locker in Livingston. Ich war überglücklich, diese Perspektive zu haben.

Am 28. März um die Mittagszeit setzte die Maschine von United Airlines in Bozeman, Montana, auf der Landebahn auf. Ich war müde und glücklich. Endlich war ich wieder da. Den ganzen Winter über hatte ich mir den Schädel darüber  zerbrochen, ob und wie und wann ich je hierher zurückkommen sollte. Nun war ich da, und ich realisierte, dass es eigentlich nur ein, zwei Mausklicks und eines Telefons bedurft hatte. Nun fuhr ich durch das allerherrlichste Flusstal, das mir jemals unter die Augen gekommen war – das Yellowstone Valley.

Was hatte es die Pioniere gekostet, sich auf den Weg ins Unbekannte zu machen? Verfolgung, Armut, Hunger oder ganz einfach die Abenteuerlust und die Hoffnung auf ein besseres Leben.

Letzteres war auch meine Motivation. Ich liebte das Abenteuer, und ich wollte ein besseres Leben.

In Montana fühlte ich mich zu Hause. In Deutschland konnte und würde ich mich nie heimisch fühlen. Dort bedrückten mich die Ressentiments, und ich hasste all die Bedenken, die dieses Land in mir kreierte. Ich stellte aber fest: Nicht alle Zukunft musste voller Angst sein. Nein, eine Zukunft konnte herrlich sein, es musste einfach eine Zukunft in Montana sein.

Am dritten Tag rief mich Patrick auf meinem Handy an. Er sagte: »Ich gehe mir eine Ranch im Sweet Grass County angucken, die zum Verkauf steht. Möchtest du mitkommen?«

Natürlich wollte ich!

Und so fuhren wir am nächsten Tag in seinem Truck auf der *Swingley Road* in östliche Richtung aus Livingston raus. Entlang der Straße ästen die Antilopen auf den Feldern, und der Pass schlängelte sich aufwärts in die Hochebene des Boulder River.

Aber mehr noch als die Landschaft faszinierte mich die Tatsache, dass Patrick eine Ranch kaufen wollte. Nun hielt ich ihn wirklich für einen Cowboy. Auch er lebte den Montana-Lifestyle, fuhr einen großen Truck, besaß ein paar Waffen und war entschlossen, eine Ranch zu kaufen. War hier ein Mann, mit dem ich meine Träume verwirklichen konnte?

Während wir an knorrigen Tannen vorbeifuhren, lud mich Patrick ein, den restlichen Tag bei seinem Freund Phil zu verbringen, der gleich neben dem zu verkaufenden Landstück wohnte.

»Ich gehe nachher zu ihm rüber und habe überlegt, bei ihm zu übernachten. Er hat ein Gästezimmer, da kannst du schlafen, dann musst du nicht den ganzen Weg zurück nach Livingston.«

Warum eigentlich nicht? Auf einmal fühlte ich mich süchtig nach Gesellschaft und Menschen, mit denen ich Zeit verbringen konnte.

»Klar, ich bleibe gerne bei Phil.«

Patrick lachte: »Er ist ein durchgeknallter Typ – du nimmst dich einfach in Acht.«

»Ich kann mit durchgeknallten Typen«, sagte ich ganz unbedarft.

Währenddessen fuhren wir auf einer Sandstraße an haushohen Felsbrocken vorbei, die in der grünen Wiese wie Spielzeuge eines Riesen herumlagen. Immer wieder zischte ein Vogel von einem Zaunpfahl oder floh eine Herde Antilopen vor unseren Blicken. Weiße Charolais-Rinder grasten auf den Weiden, unter den Pappeln am Fluss oder etwas abseits der Straße sah ich ab und zu Blockhütten oder authentische, mit Blechdächern (wegen der Brandgefahr) gedeckte Farmhäuser im Western-Living-Stil. Am Horizont standen majestätisch die Kuppen der schneebedeckten Absarokas. Auf den weiten, von der Sonne beleuchteten Hochebenen glaubte ich stets einen reitenden Häuptling in vollem Federschmuck mit seinen hundert Kriegern stehen zu sehen. Er hätte mich durchs ganze Tal mit seinen Adlerblicken verfolgen können, so weit war das Land. Die Kulisse war einfach perfekt.

»Kannst du dir vorstellen, dass die Pioniere nur mit einem Wagen und ein paar Maultieren hierherkamen und mit geleerten *Peach Brandy*-Flaschen ihr Land abgesteckt haben?«, fragte ich fasziniert.

Patrick sah mich an. »Das ist eben Amerika.«

»Es ist unglaublich schön hier.« Ich blickte wieder auf

die Hochebene, sah vor meinem inneren Auge nun keine Indianer mehr, sondern mich selbst auf dem Rücken eines Pferdes über die aufblühende Hochfläche reiten.

Das Grundstück, das wir besichtigen wollten, lag auf der anderen Seite des Flusses. Um dorthin zu gelangen, mussten wir von der Schotterstraße abbiegen und eine Brücke überqueren. Phils Blockhütte mit einem grünen Eisendach lag gleich auf der rechten Seite hinter einer Reihe riesiger Strohrundballen. Patrick drückte auf die Hupe, um Phil zu signalisieren, dass wir auf dem Weg zur Farm waren, und fuhr weiter. Auf der anderen Seite des Flusses setzte sich der Schotterweg fort. Wir fuhren nach rechts durch ein Waldstück und kamen dann an ein Gatter. Patrick hatte sich den Code für das Schloss vom Makler geben lassen, öffnete das Tor und parkte den Truck unterhalb eines alten Blockhauses. Wir standen keine fünf Minuten an den Fenstern der Hütte, um hineinzulugen, da brauste Phil mit einem lauten Four-Wheeler über den Schotterweg heran, trug Latschen und lud uns gleich ein einzusteigen: »*Let's go for a ride!*«

Phil war wirklich ein durchgeknallter Typ – aber nicht wegen seiner türkisfarbenen Polyester-Sportjacke, seiner Halbglatze, um die ein Kranz langer, grauer Haare wuchs, seiner dünnen Beine, die in enggeschnittenen Jeans steckten, oder der hellblauen Augen, die mich schelmisch anlächelten, als ich ihm zum Gruß zuwinkte. Es war vielmehr seine Art, seine Intensität, er hatte etwas von einem Wilden, einem *Nutcase,* der liebenswürdig bis ans Ende der Welt war.

Phil kannte das Grundstück bereits, war ja Nachbar, und begann zu schwärmen: »Ich liebe dieses Grundstück! Verdammt phantastisch, dieses Land. Mann! Die Fische in unserem Fluss sind Knüppel, so fett! Und da oben kannst du deinen eigenen Hirsch schießen. Und das Geilste, du hast die Ruhe. Kein Schwein stört dich, weißt du, man lässt dich zur Hölle in Frieden.«

Vierzig Acre und die kleine alte Blockhütte waren zwischen den Ufern des Boulder River und den Bestandteilen des Gebirges, was sich *Coal Mine Rim* nannte, zu verkaufen. Wir erkundeten das Land mit dem Four-Wheeler, fuhren auf einem halsbrecherisch steilen Pfad durch trockenen Fichtenwald den Berg hinauf. Nach einigen hundert Metern fast senkrechtem Anstieg erreichten wir ein von Gräsern bewachsenes Plateau, durch das sich der Pfad in Serpentinen weiter den Hang nach oben schlängelte. Hinter uns und unter uns lag nun das blaue, enggeschwungene Band des Boulder River, man sah die Weideflächen und Himmel, so weit das Auge reichte. Es war kalt im Fahrtwind, doch ich fand es großartig hier.

Nach einigen Minuten kamen wir auf eine weitere Hochebene, sie zog sich lang und breit, von Salbeibüschen und verrenkten Rotzedern bewachsen, nach beiden Seiten. Wir fuhren bis an die Kante, an der das Land wieder abfiel und von der aus man *Long Mountain* und *Elk Mountain* sehen konnte.

»*Shit,* was willst du mehr!« Phil flippte fast aus. »Dieser Blick!« Und ich stimmte ihm zu. Es begann zu schneien, doch ich konnte die Kälte kaum spüren. Von der dünnen Höhenluft und dem Blick fühlte ich mich wie betrunken. Patrick stellte sich neben mich. »Ist dir kalt?«, fragte er und bot mir sein Hemd an.

»Nein, gar nicht«, sagte ich. »Ich habe mich nie besser gefühlt. Das ist einfach atemberaubend.«

Als wir zurück zum Truck kamen, lud mich Phil ein, zum Essen zu bleiben.

Es schien mir, als würde er es zu meiner Beruhigung sagen: »Patrick bleibt auch!« Er fuhr fort: »Und ich habe Leute aus der Nachbarschaft zum Essen eingeladen. Wenn du möchtest, bleib doch die Nacht, ich habe ein Gästezimmer, dann brauchst du nicht den ganzen Weg zurück nach Livingston zu fahren.«

Ich sah zu Patrick, zuckte mit den Schultern und nahm die Einladung dankend und glücklich an.

Ich saß, Phils Blockhaus im Rücken, auf dem Gras und sah verträumt dabei zu, wie er und Patrick im Fluss fischten. Patrick fing drei Fische, jeder größer als der vorherige. Ich ging jedes Mal zu ihm hin, wir betrachteten das Tier – Patrick voller Hingabe, *»fucking love it«* –, dann nahm er ihnen den Haken aus den Kiemen und warf sie wieder zurück in die Strömung.

Es geschah in Montana oft, dass man sich dabei ertappte, nichts weiter zu tun, als dabei zuzugucken, wie der Tag verging. Es herrschte eine solche Ruhe, ein solcher Zauber, man zählte keine Stunden, jeder Tag war ein großes, ganzes Ereignis im Zyklus der Natur.

Bei Phil im Badezimmer lag neben der Toilette ein Buch, in dem Monat für Monat beschrieben stand, welches Tier nun nistete, Eier legte, sich paarte, sich zurückzog, gen Süden zog. Welche Blumen blühten, welche Vögel man hörte, welche Insekten flogen, welche Geräusche man am Morgen und welche man am Abend hörte – ich blätterte ausführlich in diesem Buch, und es faszinierte mich. So war es in Montana, vielleicht überhaupt auf dem amerikanischen Land, wo die Sommer kurz und die Winter hart waren: Man richtete sich nicht nach der Stunde, sondern nach der Zeit. Alles hatte seine Zeit, jedes Tier, jede Blume besaß eine ganz eigene Uhr.

Als die Schleierwolken am Himmel begannen, sich mit der Dämmerung zu verfärben, machten Phil und Patrick ein riesiges Feuer am Fluss. Ein Paar Leute von den Nachbarranches kamen mit ihren Trucks und Four-Wheelern an. Stewart, der Besitzer der Charolais-Rinder, stellte sich mir vor. Seine Frau Dianne trug einen auffälligen Gürtel, der mit Strasssteinen besetzt war. Sie nahm mich in den Arm und reichte mir ihr gerade geöffnetes kaltes Bier. Sie ließ sich von Phil ein frisches geben, und wir stießen an. Ich bemerkte amüsiert ihre aufwendig manikürten Fingernägel. Sie erzählte, dass sie Rückenschmerzen habe, da sie heute den ganzen Tag auf dem Traktor gesessen habe, um den Acker zu düngen.

Dann setzte ich mich zu einem uralten Cowboy von einer Nachbarranch. Er musste fünfundachtzig sein, genauso alt wie sein blaues Flanellhemd und der Hut, den er trug. Er spielte die Ziehharmonika, während die Sonne sank. Ein anderer jüngerer Cowboy kam gerade vom Kälberbrennen, ließ den ganzen Abend seinen schwarzen Filzhut auf und nahm keinen einzigen Moment die Daumen aus den Hosentaschen. Ich dachte: »Mann, *das* sind echte *True Blue Cowboys!*«

Phil bot Burritos und Tacos an, wir setzten uns auf Baumstämme ums Feuer rum, aßen und tranken Whiskey und Bier. Als nur noch Patrick, Phil und ich übrig waren, drehte Phil *Pearl Jam* auf.

Ich saß neben Patrick, schaute bald hoch in den Sternenhimmel und wunderte mich im Stillen, wie selbstverständlich aufgehoben ich mich fühlte.

Und Phil, der war gar nicht durchgeknallt, er war normaler als manch anderer.

Er seufzte: »Ich liebe die Forellen, Mutter Natur und die

Tacos Phil hat alles selbst gekocht. Der ist ein Typ - nicht zu fassen. Kennt ganz Hollywood, braucht keinen Menschen, lebt sein Leben und ist dabei so herzlich, verrückt und liebenswürdig. In seinem Haus hat er Fotos von Indianern, Cowboy-Antiquitäten, alles sehr geschmackvoll und wertig. Jedenfalls falle ich hier in die offenen Arme einer Gruppe Menschen die ich glaube schon 100 Jahre zu kennen. Die Nachbarn + Real-Deal-Cowboy und ich meine Real! kamen zum Dinner dazu. Der Cowboy (hatte den ganzen Tag Kälber gebrannt) nahm auch seinen Hut nicht ab. Hatte immer zu seine Daumen in den Hosentaschen

Frauen!« Alles andere – wann man morgens aufstand, ob man Ostern feierte oder nicht, mit welcher Frau genau man nun Sex hatte oder was man beim Poker einsetzte und was verspielte – das alles war für ihn zweitrangig. Phil war ein ungezähmtes Tier, und schon an diesem Abend schloss ich ihn in mein Herz.

Irgendwann, es muss nach Mitternacht gewesen sein, stiegen wir in Phils dampfenden Whirlpool. Wir tranken, Sternschnuppen fielen vom Gestirn, die Musik spielte, und um mich herum schäumten die Blasen der Sprudelanlage. Nachdem ich ordentlich durchgeheizt war, sagte ich: »Ich gehe jetzt im Fluss schwimmen.« Ich wollte mich an der eisigen Kälte des Wassers schneiden, einfach, um mich zu spüren und um zu spüren, dass ich lebte und trotz all der Jahre in Berlin nicht gestorben war. Ich hatte schon ein paar Whiskeys getrunken, und diese Nacht elektrisierte mich.

»*Shit!*«, schrie ich, als ich in den Fluss stieg. Es war so kalt, dass mir das aufgeheizte Blut sogleich in den Adern gefror. Erst wurden meine Füße taub, dann stockte mir der Atem, dann kam Patrick ebenfalls ins Wasser. Der Fluss muss am Ufer knietief gewesen sein, doch in der Mitte sank ich bis zur Hüfte ein. Ich tauchte unter, und als ich wieder hochkam, war mir, als trüge ich einen Anzug aus Stahl.

Nachdem wir uns im Pool wieder aufgewärmt hatten, hockten wir in Badetücher gehüllt in der Küche. Patricks Handtuch hatte ein Loch, und er zog es über den Kopf wie einen Poncho. Dann steckte er einen Arm mit durch die Öffnung und trug sein Handtuch wie eine Toga, quer über die Brust. Das sah, in Badehosen und bei seiner kräftigen, kurzen Statur, urkomisch aus. Ich lachte Tränen, als er sein Kleid kommentierte.

Phil verabschiedete sich gegen drei Uhr morgens ins

Bett, und Patrick und ich blieben noch in der Küche sitzen. Ich hockte auf der Anrichte, ließ die Beine baumeln, und als mir Patrick näher kam, mich in den Arm nahm und ganz zart küsste, machte es mir nichts aus. Liebe war möglich, wenn ich sie wollte.

Wir zogen uns in Phils Gästezimmer zurück. Es war eher eine Art Abstellkammer, doch ein Bett befand sich darin. In dieser betrunkenen Nacht liebten Patrick und ich uns zum ersten Mal. Ich weinte bitterlich. Der Einfluss des Alkohols und die schiere Verzweiflung, mit der ich mich nach Liebe sehnte, erschütterten mich. Ich fühlte eigentlich nichts, ich war in Trance und auch an dem Punkt, an dem mir alle Vernunft egal war. Ich wollte wild sein.

Am nächsten Morgen erwachte ich vor den anderen mit der aufgehenden Sonne. Vom wenigen Schlaf zwar angeschlagen, doch lange nicht so glücklich gewesen, vertrieb ich mir im Glanz des Morgens die Stunden. Ich saß im Schneidersitz auf der Wiese und riss Gräser aus, ich ging an den Fluss und wanderte ein wenig umher. Ich fühlte mich rein und von einem dunklen Fluch befreit. Ich fühlte Liebe ohne Schmerz, fühlte eine Ganzheitlichkeit, die mich unendlich beruhigte.

Dann erwachten erst Patrick und sehr viel später Phil. Ich lag auf dem Rücken in der Morgensonne im Gras und lächelte in den Himmel, als Patrick zu mir kam und mich küsste.

»Du siehst wunderschön aus«, flüsterte er.

Patrick und ich hatten uns also gefunden. Er hatte die Tür geöffnet, die mich aus der Kammer der Einsamkeit entließ. Er umarmte mich, beschützte mich, war stark, schwer und weich zugleich. Es war wunderschön.

Zehntägig sollte meine Berliner Pause im Cowboyland sein, doch ich blieb mehrere Monate mit Patrick in Montana. Wir fuhren in die Western-Geisterstadt Virginia City. Dort stand ich auf dem *Boot Hill* vor den Holztafeln erhängter Banditen und fühlte mich dem Wilden Westen so nah wie nie zuvor.

Zurück in Emigrant, wo Patrick noch wohnte, saßen wir abends zusammen am prasselnden Feuer und schauten zum Mond. Genau in diesem Sommer stand der gegenüberliegende Mount Emigrant in Flammen. Achttausend Acre (etwa zweiunddreißig Quadratkilometer) der von Nadelbäumen bewachsenen Kuppe brannten, und nachts sahen wir von der Terrasse aus, wie das Feuer in den Vollmondnächten blutrot glühte. Die Naturgewalten konnten nicht nur magisch, sondern auch *unheimlich* magisch sein.

Der Gedanke, zurück nach Berlin zu müssen, machte mir Angst, allein die Vorstellung von meinem trostlosen Leben dort zwang mich dazu: Bloß nicht dran denken! Ein Besuchervisum ist neunzig Tage gültig. Verlässt man Amerika und reist in ein nicht angrenzendes Land, erneuert sich das Visum nach der Rückkehr in die USA um weitere neunzig Tage. Patrick, Phil und ich flogen auf die Bahamas, so konnte ich nach unserer Rückkehr nach Montana weitere Monate bis zum Ende des Sommers bleiben.

Patrick und ich träumten von einer gemeinsamen Zukunft. Patrick hatte vor einigen Jahren seine Firma in Portland, Oregon, verkauft, er lebte vom Erlös und hatte viele neue Geschäftsideen. Er wollte Kaschmirziegen halten und ihre Wolle zu exquisiter Unterwäsche verarbeiten. Für Rinder konnte er sich nicht so begeistern. Er hatte auch noch nie auf einem Pferd gesessen und verstand nichts von Reiterei, aber das konnte ich ihm beibringen – so wie er mir das Fliegenfischen.

Bei allem blieb Montana schlicht ein Wunderwerk, es war so unbeschreiblich gewaltig, dass ich seiner Magie wie einem bösen Zauber verfiel. Patricks Liebe heilte mich, und in ihrem Rausch erweiterte sich mein Bewusstsein. Er versuchte mir zu zeigen, wie man einen Anhänger rückwärts einparkte, er zeigte mir, wie man ein Ruderboot den Yellowstone River runtermanövrierte, und er brachte mir das Fliegenfischen bei. Ich konnte einfach nicht anders, ich wollte um jeden Preis in Montana bleiben, mich einbürgern, hier leben, für immer.

»Ich krieg das hin«, dachte ich.

Patrick kaufte die vierzig Acre mit der alten Blockhütte am Boulder River – er hatte das Geld vom Verkauf seiner Firma. Wir hatten uns beide in das alte Blockhaus in der felsigschroffen Flusslandschaft verliebt. Und so zogen wir zu Phil ins Sweet Grass County in die leergeräumte Hütte am Fluss.

Ich besorgte mir für zwanzig Dollar einen alten, verbogenen Cowboyhut, für siebzehn Dollar gebrauchte, braune Durango Boots. Wir begannen die Hütte, den Schuppen und das Land drumherum zu säubern. Im Schuppen lag der Mäusekot knöchelhoch, Schläuche, Stühle, Eisenteile, Pumpen – alles Mögliche lud ich auf die Ladefläche von Patricks altem Chevy Truck und fuhr damit nach Livingston auf die Müllhalde.

Ich vergaß die Schreiberei und dass ich jemals Bücher geschrieben hatte. Mir bedeutete meine Schriftstellerei hier in Montana nichts. Schriftsteller – das klang einfach nur langweilig im Gegensatz zu dem, was ich hier erlebte und sah. Ich hatte kaum Zeit, Notizen zu machen, war aber auch unfähig, irgendwas aufzuschreiben. In Worten klang das, was mich umgab, nur banal und nichtig.

Also ließ ich es ganz bleiben. Stattdessen fuhr ich nach Livingston und erkundigte mich nach einem Traktor.

Ich schlüpfte in dieses Leben in Montana wie in ein maßgeschneidertes Jeanshemd. Bald roch es nach Feuerrauch und Motoröl, es fühlte sich so gut an.

15

Wenn der Morgen anbrach, weckte mich der eindringliche Gesang der Nachtschwalbe aus meinem Schlaf. Dann lag ich wach, hörte das Rauschen des Flusses und das fast gequälte Zwitschern dieses unsichtbaren, winzigen Vogels. Es gibt eine Legende, die besagt, dass die Nachtschwalbe die Seelen von Sterbenden wittert und sie einfangen kann.

Im ersten Licht trank ich dann auf den alten Brettern der Terrasse eine Tasse Kaffee mit Milch und schaute in die Ferne. Die Landschaft hier bot dem Auge, was immer es wünschte zu sehen; ob schroffes Felsgestein, lieblich geschwungene Flussläufe, schneebedecktes Gebirge am Horizont oder weites, offenes Weideland.

Ich konnte mich niemals sattsehen. Da unten wand sich der Fluss, flankiert vom grünen Band der Silberweiden und Eschenahorne, durchs Tal. Auf unserer Seite des Flusses stieg der Gebirgsrücken an. Hier und da lagen immer wieder weite, flache, saftgrüne Ebenen. Hier hatte man Bäume geschlagen, um Weidefläche frei zu machen. Es waren keine großen Weiden, doch für Ziegen und ein, zwei Rinder würde es reichen. Gegenüber erstreckten sich weite Wiesen mit einer nur leichten Steigung bis zu den Füßen aufragender Hügel heran. Ein Bewässerungskanalsystem, das die Nachbarrancher angelegt hatten, machte das Gras saftig grün. Überall leuchteten die knallgelben Köpfe der Arrowleafs.

Tagsüber fällte ich tote Bäume und schnitt Äste ab, die die vorbeiziehenden Elche mit ihren Geweihen niedergerissen hatten. Ich mähte Unkraut mit dem Rasentrimmer. Patrick und ich bauten am Hang hinter dem Haus eine Steintreppe, die zu einer Aussichtsplattform führte, und hantierten mit Axt und Pickel am Hang hinter der Blockhütte. Wir beseitigten Wespen- und Mäusenester. Ich schleppte meterlange Äste, stapelte verfaultes Holz und schlug den Blick ins Tal frei, der von Gestrüpp versperrt war. Wir lauerten Klapperschlangen auf; ich mit der Schaufel und Patrick mit dem Gewehr. Ich badete im eiskalten Flussbecken des Boulder River, während Patrick fischte. Abends rauchte ich eine Zigarette, und wenn uns danach war, kehrten wir bei Phil ein und aßen Rippchen.

Ich erfuhr mehr über Phil, zum Beispiel, dass er Stuntman in Hollywoodproduktionen gewesen und dass er in Las Vegas im Bordell seiner Mutter aufgewachsen war. Mit dreizehn Jahren war er von zu Hause weggerannt und hatte begonnen, Burger in einem Diner zu braten. Von da an hatte er sich mit Gelegenheitsjobs durchgeschlagen, war schließlich Stuntman geworden und hatte unter anderem einen Affen im Film *Planet der Affen* gespielt. Später hatte er mit seinem Catering-Service auf Filmsets Hollywoodstars bekocht. Phil grillte die besten Rippchen, und er mähte seinen Rasen nur mit weißen Unterhosen bekleidet. Er spielte Poker, kaute ständig Tabak, und er stand auf Huren mit dunkler Haut. Sein Bier trank er nur mit Whiskey oder andersherum. Phil konnte fliegenfischen wie kein Zweiter, und er zog die dicksten Dinger aus dem Wasser. Er fürchtete sich vor nichts und niemandem – er war ein blauäugiger Einzelgänger, dazu halb Indianer, und im wahrsten Sinne des Wortes nicht totzukriegen.

»Tach, ihr beiden«, grüßte er uns, wenn wir bei ihm aufkreuzten. »Was ist los mit euch? Wollt ihr Bier? Setzt euch!«

Phil rieb sich die Hände und stellte den Fernseher leiser, in dem meistens UFC-Käfigkämpfe liefen. Sein langes, schütteres Haar war nie gekämmt, manchmal war er rasiert, manchmal schimmerte der Bartflaum silbern. Immer steckte eine Prise Kautabak hinter seiner Unterlippe, und er spuckte unauffällig in eine leere Bierflasche, die er stets zur Hand hatte.

Mit Phil gingen wir auf dem Yellowstone River fischen und zum Rodeo. Er war ein Typ, den man nur einmal in seinem Leben antraf – ein absolut unbeugsamer Mensch.

Einmal war Patrick bei Phil, und ich raste auf einem unserer *Quads* über die Sandstraße zu seinem Haus, um den beiden kaltes Bier zu bringen. Ich stoppte das Fahrzeug vor Patricks Füßen und wischte mir den Dreck von den Lippen, da sagte er: »Du siehst aus, als wärest du schon immer für dieses Fahrzeug bestimmt gewesen.«

Ich weiß noch, wie ich manchmal, von der Tagesarbeit schwitzend, mit einer eiskalten Cola am Hügel auf einem Felsstein saß und in die Ferne sah, über der nur die rosa Schleierwolken hingen, und dachte: »Ich fühle mich, als sei ich schon immer an diesem Ort zu Hause gewesen.«

16

Einen Tag vor meinem einunddreißigsten Geburtstag sah ich den ersten wilden Schwarzbären meines Lebens im Wacholderbusch am Wegesrand. Er stellte sich auf die Hinterbeine, als ich anhielt, und guckte mich und den Truck, in dem ich saß, an. Sein dickes, schwarzes, speckiges Fell glänzte und wabbelte mit jeder seiner Bewegungen. Er wirkte *careless* und so selbstverständlich wild – es war ein wunderbarer Moment. Ob diese Begegnung ein Zufall war? Der Bär wirkte, als wolle er mir etwas verkünden. Er wirkte so harmlos tollpatschig im Beerenbusch, doch einen Menschen konnte er mit seinen Zähnen und Klauen in Stücke reißen. Wollte mir diese Begegnung bedeuten, dass ich auf der Hut sein musste? Aber wovor denn?

Ich kann die Zahl der doppelten Regenbogen nicht erinnern, kann die Sternschnuppen nicht zählen, die ich nachts in Montana gesehen habe. Manchmal kam es mir in den Sinn, dass dieses Glück nicht würde halten können. Manchmal versuchte ich, mich zu spüren, und dann fragte ich mich, ob sich so mein Glück anfühlte. Ich wusste gar nicht, wie es war, glücklich zu sein, an einem Ort zu leben, an dem ich leben *wollte*.

An einem Nachmittag, nach einer Flussfahrt mit dem Boot, hielten wir einen Truck per Anhalter an, um zu unserem Ausgangspunkt zurückzukommen. Da im Wagen nicht genug Sitze frei waren, meldete ich mich freiwillig, auf der Ladefläche zu sitzen. Mit einem ausgestreckten, einem angewinkelten Bein und einer Hand an der Krempe meines Hutes, rauschte ich so mit achtzig Meilen Richtung Livingston. Der Wind schlug mir die Erddüfte um die Nase, ich hörte die Räder auf dem Asphalt, hatte das rote, dreckige Bandana über die Nase gezogen und guckte in die leuchtende Landschaft. In dem Moment war ich so frei, so befreit, dieser Moment allein war es wert, zu glauben, ich könnte in diesem gigantischen Staat Amerikas eine Zukunft haben.

Neil Young sagt, es kommt im Leben eine Zeit des Driftens und eine Zeit des Niederlassens. Montana kam in der Zeit des Driftens. Ich erinnere mich, selbst ein T-Shirt gekauft zu haben, auf das das Wort *Drifter* gedruckt war. Ich trieb mich in Montana herum – was für ein Gefühl.

In Montana hatte ich den besten Sommer meines Lebens. Ich war so weit weg von zu Hause und fühlte mich so heimisch wie noch nie zuvor.

Patrick und ich trainierten Triathlon: Laufen, Schwimmen, Radfahren. Ich besorgte mir ein Rennrad, und wir fuhren auf den endlosen Straßen durchs Tal oder erklommen Pässe in der Umgebung von Bozeman. Wir rannten auf Trampelpfaden durch Naturschutzgebiete oder durch vor Jahren abgebrannte Wälder. Ich begegnete einer solchen Vielfalt von Menschen in Montana – Hollywoodschauspielern, Goldgräbern, Schriftstellern, Ranchern, Cowboys –, es war erstaunlich, wer alles Zuflucht in der Wildnis suchte.

Doch der Sommer schritt unerbittlich voran. Es wurde September, mein Besuchervisum lief aus, und ich musste das Land verlassen.

An meinem letzten Abend in Montana machten Patrick, Phil und ich ein riesiges Feuer unten am Fluss, dort, wo sich das Wasser in einem dunkelgrünen Becken unter einem Felsvorsprung sammelte und wir Regenbogenforellen gefangen hatten. Wir schleppten Steine heran und legten sie zu einem großen Kreis. In die Mitte legten wir Zweige und Äste, darauf noch mehr Zweige und Äste. Phil entfachte den Scheiterhaufen mit Spiritus, und wir sahen zu, wie die Flammen den Abendhimmel erklommen. Wir brieten Burger, tranken Bier und redeten bis tief in die Nacht.

Früh am nächsten Morgen, als alle noch schliefen, packte ich etwas verkatert meine Taschen. Gegen Mittag verließen wir die Hütte am Fluss. Ich war ganz sicher, dass ich wiederkommen würde.

Patrick hatte mir einen Heiratsantrag gemacht, und ich hatte vor Glück zitternd und mit Tränen in den Augen angenommen. Und so schaute ich gar nicht zurück, als wir im Schritttempo über den von Schlaglöchern zerschundenen Schotterweg fuhren.

Den Ring drehte ich fortan um meinen Finger.

17

Manche Dinge lassen sich nicht erklären, und manche Dinge muss man auch gar nicht verstehen. Ich verstehe vieles nicht. Manchmal scheinen Ereignisse im Leben wie durcheinandergewürfelte Teile eines tausendteiligen Puzzles. Erst viele Jahre später, wenn man auf das Chaos zurückblickt, fügen sich alle Teile wie von alleine zu einem Bild zusammen.

Patrick kam im Spätherbst – nach der Jagdsaison in Montana – nach Berlin und spielte Poker im Casino vom Hyatt am Potsdamer Platz. Wir verbrachten Wochenenden in Chicago, wo er eine Wohnung hatte. Wir flogen nach Italien und Afrika, fuhren durch den Krüger-Nationalpark, sahen Giraffen im Nebel und stiegen auf den Tafelberg. Wir fuhren in die Berge Lesothos und schliefen in einer runden Lehmhütte mit Strohdach. Mit Patrick war ich eine Abenteurerin, mit Patrick hatte die Welt keine Grenzen.

Aber die Welt, stellte sich heraus, war nicht Montana. Noch im März hatte ich mich ja eigentlich in Patrick, den Cowboy, der am Boulder River auf einer Ranch leben wollte, verliebt. Mehr und mehr stellte ich aber fest, dass Patrick gar nicht auf einer Ranch leben wollte, dass er sich eigentlich nirgends wirklich zu Hause fühlte. Ich lernte in der weiten Welt auf einmal einen Menschen kennen, der keine Ruhe finden konnte. Ich merkte auch bald, dass er den Cowboy-Lifestyle nur oberflächlich adaptiert hatte und weder ritt noch mit Rindern umgehen konnte oder irgendein Handwerk ausübte. Wir reisten ständig, flogen von hier nach da – und taten nichts.

Patrick entwickelte nebenbei eine seltsame Paranoia.

Irgendwann erzählte er mir, dass er eine Borderline-Diagnose hatte. Er nehme keine Medikamente mehr, sagte er, die hätten ihn nur fett gemacht. Doch immer öfter fing er aus heiterem Himmel an, mit mir die Auseinandersetzung zu suchen. Manchmal schimpfte er mich wegen irgendeiner völlig banalen Sache so runter, dass ich schlicht sprachlos war und in Schweigen verfiel. Er machte mich dafür verantwortlich, dass er seinen Pyjama für Afrika nicht eingepackt hatte, er machte mich dafür verantwortlich, dass wir ständig nur wanderten und er nie in Ruhe lesen konnte. Wenn ich meine E-Mails kontrollierte, wollte er genau wissen, wem ich schrieb, und dann fragte er mich: »Warum spielst du an deinem Ringfinger rum, während du deine Mails liest?«

»Ich weiß nicht«, antwortete ich ratlos.

»Natürlich weißt du das. Du denkst an einen anderen Mann.«

Ich schüttelte den Kopf.

»Warum spielst du dann an dem Finger, an dem du sonst deinen Ring trägst?« Dabei hatte ich den Ring nur für unsere Reise nach Afrika abgenommen und im Schließfach am Flughafen zurückgelassen.

»Ich bin Pokerspieler, ich kenne jeden Tick des Menschen. Und du lügst. Wem schreibst du?«

Er verunsicherte mich, und ich wusste nicht, was antworten, und das interpretierte er so, dass ich eindeutig ein Geheimnis vor ihm hatte.

So begann es, und es wurde immer schlimmer.

In Afrika am Straßenrand sah Patrick eine Frau, die einen großen Korb auf dem Kopf trug und die Straße entlangging. Ich saß am Steuer.

»Warum hältst du nicht an und nimmst sie mit?«

»Ich kann hier nicht anhalten«, sagte ich. Und da ich mir nicht vorstellen konnte, dass diese Frau in ein Auto mit wildfremden Touristen steigen würde, um sich das Stück mitnehmen zu lassen, sagte ich: »Und sie würde unser Angebot bestimmt ablehnen.«

»Woher weißt du das? Halt doch an und frag, dann muss sie diesen Scheißdreck nicht auf dem Kopf rumschleppen.«

»Scheißdreck?«, fragte ich erstaunt, da ich dieses Wort völlig unnötig fand.

»Was!?«, rief Patrick entrüstet. Nun war er wütend: erstens, weil ich nicht angehalten hatte, und zweitens, weil ich dann auch noch seine Wortwahl kritisierte. Er fing an zu schimpfen: »Warum soll ich nicht Scheißdreck sagen. Ich kann sagen, was ich will! Warum bist *du* so undankbar?! *Du* lässt die arme Frau den Berg hochgehen und kritisierst *mich?*«

»Ich finde das Wort unangebracht«, verteidigte ich mich, obwohl schon klar war, dass es kein Zurück mehr gab.

Wir erreichten die Grenze zu Mosambik. Ich gab meinen Pass ab, musste Bargeld für irgendeine Art Visum hinlegen und wurde von einem hässlichen schwarzen Grenzoffizier über Deutschland ausgefragt. Während dieser ganzen Prozedur tat Patrick so, als kenne er mich nicht. Das war um zehn Uhr morgens. Um vier Uhr kamen wir ins Hotel. Ich legte mich aufs Bett, und er setzte sich in einen Stuhl auf den Balkon und schlief ein. Erst als er erwachte, fing er wieder an, mit mir zu reden. Es war eine Tortur.

Wenn ich mich nachts im Bett drehte und ihm im Schlaf den Rücken zukehrte, sprach er den ganzen nächsten Morgen nicht mit mir. Er weckte mich mitten in der Nacht und fragte mich, wem ich E-Mails schrieb. Er wurde schlecht gelaunt und versank in tiefen, schwarzen Löchern. Wenn er sich in einem solchen Loch befand, war es unmöglich, mit ihm zu sprechen. Dann warf er mir vor, ich würde immer nur über mich selbst reden und immer alles auf mich beziehen und ihn emotional vernachlässigen. Er hatte Eifersuchtsanfälle und Wahnvorstellungen, er hatte solche Stimmungsschwankungen, dass ich wirklich begann, mich vor ihm zu fürchten. Schließlich, nachdem wir schon längst aus Afrika zurück waren, und in der Schweiz Ski fuhren, war er fest davon überzeugt, ich hätte einen Liebhaber. Er packte von einem Moment auf den anderen seinen Koffer und sagte: »Ich gehe. Du hast eine Affäre.«

Ich bestritt es wieder und versuchte, mit ihm zu reden.

»Und warum hast du dann eben eine Flasche Wein geöffnet? Warum bist du so glücklich? Hast du wieder eine E-Mail von *ihm* bekommen? Ha?!«, machte er mich an.

Ich ließ ihn gehen.

Eine Stunde später stand er wieder an der Tür.

»Kannst du mich bitte zum Bahnhof bringen? Ich bekomme um diese Uhrzeit kein Taxi.«

Ich fuhr ihn nicht. Da ging er wieder, und um ein Uhr nachts stand er wieder da.

»Es tut mir leid.«

Der Psychoterror aber ging weiter. Er verlangte mein Mobiltelefon, gab mit zitternden Händen in meinem Computer meine E-Mails in ein Übersetzungsprogramm ein, da er ja kein Deutsch sprach, und fragte mich eiskalt wie ein FBI-Agent über meine beruflichen und privaten Kontakte aus. Es schien, als sei ihm meine Schreiberei auf einmal unheimlich – er wusste nichts über diesen Teil von mir. Ich hatte nichts zu verbergen, doch keine meiner Antworten befriedigte ihn, er war davon überzeugt, dass ich ihn betrog. Und das warf er mir Nacht für Nacht, laut schreiend, nachdem er mich geweckt und das Licht angeschaltet hatte, vor. Tagsüber litt er an Magenkrämpfen, weil ich ihn mit meinem angeblichen Betrug emotional so verletzte.

Ich war hilflos, ich konnte mich nicht gegen ihn wehren. Und Montana? Der Cowboy?

Getäuscht hatte ich mich – es dämmerte mir allmählich. Ich hatte meine ganze Zukunft in die Hände dieses einen Menschen gelegt, und dieser Mensch hatte sich vom Cowboy zum Psychopathen gewandelt.

Nach neun Monaten Beziehung und einem sinnlos gewordenen Verlobungsring brachte ich Patrick einen Tag vor Weihnachten in Zürich zum Flughafen. Er wollte nach Hawaii, und ich wollte ihn nie wieder sehen. Den Verlobungsring schickte ich ihm per FedEx zurück nach Montana. Es war ein Ende mit Schrecken. Mir wurde in dem Moment bewusst, dass meine Naivität und Abenteuerlust ein für mich bedrohliches Ausmaß angenommen hatten.

Im Januar saß ich wieder auf meinem Sofa in Berlin und spürte, dass ich in meinem Leben offensichtlich irgendetwas ganz furchtbar verkehrt machte. Doch was? Mein Traum vom Cowboyleben in Montana war zerplatzt wie eine Seifenblase, und ich wusste, dass ich womöglich nie mehr dorthin zurückkehren würde. *Been there, done that.*

Doch dann wurde mir klar: Ich selbst war zwar an meinem Traum gescheitert, ich selbst war eingeknickt, doch mein Traum blieb bestehen. Um ihn zu leben, musste ich mich selbst ändern. Für ein Leben in Montana hätte ich alles aufgegeben, sogar das Schreiben. Ich hätte mein Leben für ein Leben mit Patrick hingeschmissen. Und das hätte ich nur deshalb getan, weil ich schon immer dazu neigte, mich selbst aufzugeben. Weder wusste ich, wer ich war, wie viel ich wert war, noch, wo ich hingehörte oder was mein ganz eigenes persönliches Glück war. Die niedermachenden Vorwürfe von Patrick, ich würde – wenn ich in Berlin sei – andere Männer »sehen«, hatten mich spüren lassen, wie wehrlos mein Stolz war beziehungsweise, dass ich gar keinen Stolz hatte. Im Boxring war ich diejenige, die die siebenfachen Schlagkombinationen wehrlos einsteckte, ohne ein einziges Mal selbst auszuholen.

Ich begann wieder zu schreiben. Ich malte auch wieder, malte Bilder von Montana, weil es manchmal so weh tat.

In Berlin war es in diesem Jahr nur etwa zehn Tage lang unter null Grad. Nur kurz schien die ganze Erde zu gefrieren – es war ein milder Winter, doch er erschien erbarmungslos endlos. Ich ging wieder zur Havel, den Blicken der entgegenkommenden Spaziergänger ausweichend. Ich begriff nichts. Berlin war die Verdammnis, ich konnte diesen Fluch einfach nicht abschütteln. Berlin zwang mich immer wieder in die Knie. Ich versuchte noch mal und noch mal hochzukommen, Berlin drückte mich nieder. Mir fehlten einfach die Muskeln, um mich nicht von dieser Stadt niederdrücken zu lassen, sondern sie zu schlagen.

3. Teil

Erhörte Gebete

I

Ich weiß nicht mehr, wie ich zu der Eingebung gelangte, ob es durch Zufall war, durch eine Fügung, durch einen Tipp von Freunden? Das Leben ist komisch in diesen Dingen. Eines Abends im darauffolgenden Frühling jedenfalls begann ich eine Fernsehserie zu gucken. Sie spielte im Mittleren Westen Amerikas um 1860, als die Transkontinentale Eisenbahn gebaut wurde. Schauplatz war eine Zeltstadt, *Hell on Wheels*, die mit den Eisenbahngeleisen immer weiter nach Westen zog. Hauptfigur war Cullen Bohannon, ein Südstaatler, der nach *Hell on Wheels* kam, um den Tod seiner Frau und seines Sohnes an mehreren Union-Soldaten zu rächen. Er war ein langhaariger, blauäugiger Outlaw. Ein trauriger, wütender Gentleman, der bei der Eisenbahn anheuerte und dort eine Karriere mit Höhen und Tiefen begann. Er widersetzte sich allen Regeln und allen Obrigkeiten. Er war ein Mann, der Männer anführen konnte, und selbst die Priesterin der Zeltstadt verfiel seinem rauhen, unbändigen Charme.

Auch ich verfiel ihm. Ich verfiel dem Charme der ganzen Serie. Die Pionierlust packte mich wieder, Cullen Bohannon verfolgte die Mörder seiner Frau und seines Sohnes, ich verfolgte die Vorstellung vom Cowboydasein. Ich wollte wieder mehr über das rauhe Leben wissen. Wenn ich es schon in der Realität nicht schaffte, vielleicht konnte ich wie ein Schauspieler in die Vorstellung davon eintauchen? Ich war gierig nach mehr Information, vielleicht würde mehr und noch mehr Wissen meine Sehnsucht stillen. Mein Shangri-La lag nun dort, wo *Hell on Wheels* gedreht wurde – in Alberta in Kanada.

Die Welt des Films hatte mich schon immer begeistert, warum nicht nach Kanada fliegen und eine Reportage über die Serie schreiben? Da ich immer mal wieder Artikel für verschiedene Zeitungen schrieb, war das kein so abwegiger Gedanke.

Ich entwickelte die fixe Idee, auf diesem Filmset mehr über meinen eigenen Traum zu erfahren. Ich wollte wissen, wer das Skript zur Serie schrieb, wer diese wunderbare Welt kreierte. Ich wollte wissen, wer anscheinend die gleiche Sehnsucht nach dem alten Westen hatte wie ich. Alles mir Mögliche versuchte ich, um dort hinzukommen, und dabei ging ich unendlich vielen Menschen ziemlich auf die Nerven. Irgendwas in mir begann sich zu regen, begann sich umzuwälzen. Dieser Ort barg eine Information, die mich retten würde, die mich weiterbringen würde – so dachte ich.

Mir war, als müsse ich noch einmal alles, was ich besaß, auf eine Karte setzen.

Ich wollte ein Porträt der Figur Cullen Bohannon und des Schauspielers für eine deutsche Zeitung schreiben, bekam tatsächlich einen Interviewtermin mit dem Hauptdarsteller in Aussicht gestellt und wartete auf die Zusage zum Setbesuch. Eigentlich war ich völlig wahnsinnig: Das Filmset von *Hell on Wheels* mit all seinen toten Tieren, seinen Fleischfetzen (aus bemaltem Styropor), seinen immer geputzten und aufgezäumten Pferden, seinem betörenden Matsch und dem ewigen Rauch offener Feuer, dem billigen Schnaps in nebeligen Flaschen; meine Sehnsucht hatte mich so weit, dass ich das Fake für die Realität hielt, nach der ich mich so sehr sehnte.

Und ich begann auch zu beten, fing an, im Himmel um Hilfe zu flehen. »Bitte, lieber Gott, mach, dass ich bald meinen Traum leben kann. Was, lieber Gott, soll ich noch tun? Bitte, lass mich endlich im Land des Cowboys leben!«

Wer betet, schult seine Gedanken. Gott lässt uns den freien Willen, Er überlässt uns die Entscheidung. Im Gebet aber ermöglicht Er uns den Zugang zu unseren tiefsten Bedürfnissen, und Er lässt sie uns laut aussprechen. Ein Hirngespinst erwacht so mit dem Klang der eigenen Stimme zum Leben. Ob man es aufschreibt oder aufsagt, nur so bekommen Gedanken ein Gesicht. Da man meist auf etwas hinbetet, ein zukunftsorientiertes »bitte, mach« in den Himmel spricht, schürt man in seinem Gehirn die Hoffnung, dass das, was immer es sein mag, irgendwann in Erfüllung geht. Mit Gebeten legt man ein Saatkorn von Hoffnung in die Erde und begießt es mit Wasser.

So tat ich es auch. Ich wurde beharrlich, ja hartnäckig. Ich wusste auf einmal, was ich wollte. Weil ich selbst den Herrgott laut darum gebeten hatte, mich ins Cowboyland zu lassen, gab es gar keinen Grund mehr, in Berlin zu bleiben. Wenn ein Gebet lautet: »Lieber Gott, bitte mach, dass ich Cowboy werden, in einer Blockhütte leben und meine Pferde und Rinder auf meinem Stück Land weiden lassen kann« – ja, was hat man dann noch für Gründe, genau das nicht zu tun? Vor Gott den Schwanz einziehen? Das wäre feige. Also lautete mein Fazit: »Lerne den *Cowboy Way*. Lerne, wenn du im Staub liegst, wieder aufzustehen und weiterzumachen.«

Ich machte weiter. Ich buchte mich vier Nächte auf irgendeiner Gästeranch, die ich im Internet fand und die in der Nähe des Drehortes in der Stadt Calgary lag, ein, mietete einen Wagen und packte meine Sachen. Etwa zwölf Stunden vor meinem Abflug kam die Absage der Produktionsfirma: Setbesuch und Interview wurden mir nicht gestattet. Doch ich ließ mich nicht abbringen, das würde ich vor Ort schon irgendwie hinbiegen, beschloss ich – und flog trotzdem.

2

Es war Mitte Juni, und dennoch schüttete es, als ich in Calgary landete.

Die *Anchor D Ranch,* wo ich absteigen wollte, lag im Ort Turner Valley in Alberta, Kanada. Im Regen rollte mein Mietwagen bald durch eine Hügellandschaft. Verwitterte Lattenzäune säumten die Straße, sie wirkten, als sei der letzte Anstrich viele Sommer her. Die Straße wellte sich über die Rücken der Hügel, als würde ich über eine aufgewühlte Steppdecke fahren. Hier und da lagen Täler, in denen Pferde weideten, Flüsse führten schlammgrünes, wild rauschendes Wasser. Der Himmel war regengrau und hing tief.

Eine Stunde später hielt ich das Auto vor einem verschlossenen Gatter. Darüber hing das Schild der *Anchor D Ranch.*

Ich stieg aus und balancierte auf dicken Eisenrohren, die über einem Graben im Boden lagen – ein sogenanntes *Texas Gate.* Ein *Texas Gate* besteht aus etwa acht armdicken Rohren, die längs im Abstand von dreißig Zentimetern wie ein Gitterrost in einer Schotterstraße oder unter einem Gatter liegen. Es hält Kühe und Pferde von der Straße fern.

Ich öffnete das Gatter. Vor meinen Augen weideten sicher hundertfünfzig Pferde im Regen. »Schließe nie ein Gatter, das vorher offen stand, lasse nie ein Gatter offen, das vorher geschlossen war« – diese Regel kannte ich aus Montana. Also schloss ich das Gatter und fuhr auf der aufgeweichten Schotterstraße zum Ranchbüro hoch. Auch dort befand sich ein Gatter – drei Pflöcke in Stacheldraht geflochten mit Seilschlaufen zwischen zwei Pfosten gespannt.

Eine junge Frau mit weißblonden Locken und großen Gummistiefeln an den Füßen kam angerannt. Sie öffnete den widerspenstigen Zaun mit Mühe. Meine Scheibenwischer fegten den Regen im Sekundentakt von der Frontscheibe, und übers Lenkrad gebeugt fuhr ich den Wagen langsam über die Bodenschwellen und Schlaglöcher zur Ranch hoch.

Ich parkte meinen Wagen direkt vor einem brennenden Gasofen. Vor mir, in einem Schuppen, dessen weißes Rolltor geöffnet war, stand ein Mann in Weste mit einer langen Greifzange und brachte ein Hufeisen zum Glühen. Über dem Schuppen stand auf einem langen Holzbrett eingebrannt »Saloon«. Schaufeln, eine Schneeschippe und lauter Spaten standen da, ein Geranientopf baumelte im Wind. Von der übervollen Regenrinne tropfte das Wasser in einen schwarzen Eimer, es plätscherte ununterbrochen. Hinter dem Vorhang herunterprasselnden Regens saß eine in eine Felljacke eingehüllte junge Frau mit übergeschlagenen Beinen in einem Liegestuhl. Sie rauchte eine selbstgedrehte Zigarette. Neben ihr in einem Blumenkübel lagen die Geweihe von Hirschen, daneben stand eine große Konservenbüchse, die ihr als Aschenbecher diente. Ein mexikanisch aussehender Mann in kariertem Hemd saß auf einer pink gestrichenen Holzbank und rauchte ebenfalls. Ein Hund bellte mit wedelnder Rute zu mir hoch.

»Das ist kein Ort für Weicheier«, dachte ich sofort. Ich

konnte kaum glauben, in was für einer *Cowtown* ich hier gelandet war.

Ich atmete tief durch und knallte die Autotür zu. Mit ein paar großen Schritten folgte ich der Frau mit den weißblonden Locken durch den knöcheltiefen Matsch zur Veranda.

Auf dem Bretterboden lagen ein riesiger Bernhardinermischling und ein großer Haufen rostbrauner Hufeisen. Ich hörte, wie der Mann, der nun im Schuppen unter einem Pferd stand, mit heftigen kurzen Hammerschlägen das Eisen festnagelte. Ich stellte mich vor. Die Frau im Liegestuhl hieß Blythe und stellte sich als eine kaum zwanzig Jahre alte Neuseeländerin heraus, deren gegerbte Haut sie sehr viel älter erscheinen ließ. Sie hatte ein sonnengebräuntes Gesicht und wilde, blitzende Augen. Sie bot mir gleich eine Flasche gekühlten Cyder an. Ich nahm dankend an.

»Ich bin ...«, und das Wort »Deutsche« blieb mir fast im Halse stecken, als ich auf ihre Frage antwortete, wo ich herkomme. Ich nahm zwei Schluck aus meiner Cyderflasche, da setzte sich ein Mann zu uns.

Harald. Er reichte mir eine feste Hand mit ledriger Haut und lugte unter seinem braunen Filzhut hervor. Einen so dicken Schnauzer, wie er in Haralds Gesicht prangte, hatte ich noch nicht gesehen. Er war buschig und gelb. Auch Haralds Nase war groß – in Relation zum Gesicht fast so groß wie der Hut.

»Ihr beschlagt gerade die Pferde«, stellte ich fest.

»Seit drei Tagen«, sagte Blythe und befühlte einen dicken Verband an ihrem linken Daumen.

»Du auch?«, fragte ich erstaunt.

»Oh, ja. Wenn man auf einer Ranch arbeiten will, muss man das können«, sagte Blythe wie selbstverständlich. Sie schaute zur Seite durch die offene Tür des Schuppens. »Der Boss«, sie schaute zum Mexikaner, »Pablo und ich – und hundertfünfzig Pferde mit vier Füßen.«

Der Boss kam aus dem Schuppen. Er trug ein Messer an seinem Gürtel und ebenfalls Schnauzer, aber seiner war weiß und an den Enden gezwirbelt.

»Es gibt Rippchen, um sechs oben im Haupthaus! Möchtest du dazukommen?«, lud er mich zum Essen ein.

Dann erst trat er vor mich: »Ich bin Dewey.« Er reichte mir die Hand und hieß mich willkommen. »Wir arbeiten jeden Tag. Auch sonntags« – denn es war Sonntag. »Der einzige Tag, an dem ich nicht arbeite, ist Weihnachten«, sagte er lachend und ging zurück in den Schuppen, um sich mit dem nächsten Eisen an dem Pferd zu schaffen zu machen.

In diesen allerersten zwanzig Minuten wurde mir viel klar. Da, wo ich herkam, kam der Hufschmied zum Hof und beschlug ein paar Pferde. Das geschah einfach so alle sechs bis acht Wochen. Da, wo ich herkam, wurden die Pferde von Männern beschlagen – nicht von Frauen. Ich schaute zu Blythe, die sich in ihre mit Schaffell gefütterte Lederjacke einhüllte und langsam ihre Zigarette rauchte. Ich spürte einen bewundernden Neid auf diese junge Frau. Sie saß so selbstverständlich hier in Kanada und beschlug Pferde. Sie war die Verkörperung des Traums, dem ich hinterherhetzte. Von damals bis heute, von Zürich bis nach Kanada! Was konnte Blythe, was ich nicht konnte? Was hatte sie, was ich nicht hatte?

3

Um 18 Uhr schellte die Glocke zum Essen. Alle streiften ihre matschverklebten Boots vor der Tür ab, hängten die feuchte Kleidung an Haken, setzten die Hüte ab. Drinnen brannte der Holzofen – es war warm und trocken.

Es gab *Ribs,* Reis, Gemüse und *Coleslaw*. Ich nahm mir reichlich zu essen. Alle aßen mit großem Appetit. Dewey saß am Kopf der Tafel. Sein Haar war zerzaust, seine Wangen gerötet. Er nahm die ganze Breite des Tischendes ein, obwohl er kein großer Mann war. Das Besteck in seinen Händen wirkte zu fragil. Er und Blythe sprachen über den Tisch hinweg über den Beschlag der Pferde. Da es seit fast zwei Wochen regnete, waren die Hufe der Tiere – die Tag und Nacht draußen standen – aufgeweicht, und die Eisen kamen der Reihe nach wieder runter von den Füßen. Blythe meinte, sie hätte dieses oder jenes Pferd bereits das zweite Mal in wenigen Tagen beschlagen, da sie ständig aus ihren Eisen stiegen. Sie nannte mehrere Namen von Pferden und setzte Häkchen auf einer langen Liste.

Ich aß, und obwohl ich ja aus ganz anderem Grund hier war und immer noch versuchen wollte, auf das Filmset zu kommen, setzte sich der Gedanke in meinem Kopf fest, dass ich auch können wollte, was Blythe konnte: Pferde beschlagen.

Es war nur ein Gedanke, eine Sekunde der Erleuchtung, dass dies etwas war, das ebenso zu mir passen könnte: »Hufschmied« – und dann war es wieder weg.

Zum Nachtisch bekam jeder eine Schale mit einem Stück Kuchen, bedeckt von schneeweißem Guss, Karamellsauce und einem Schlag Vanilleeis dazu.

Dewey hatte viele Geschichten zu erzählen, schöne und reale Geschichten, die kein Happy End hatten. Er war bestimmt einer dieser Männer, die man draußen auf dem Trail alles fragen konnte. Dewey wusste genau, welche Blume wo blühte, wie die Bergspitze hieß, die am Horizont etwas höher als die anderen emporragte, er konnte Alter und Gewicht eines Grizzlybären an seinen Spuren im Schlamm abschätzen, Nickerchen auf Felsvorsprüngen machen und Pferde in der Wildnis behelfsmäßig verarzten. Allein schon an seiner roten, langärmligen Unterwäsche, die unter dem Hemd hervorblitzte, erkannte ich ihn: den naturgeborenen Cowboy.

Mir war warm geworden, und ich spürte das Feuer im Holzofen auf meinen Wangen. Nach dem Essen wanderte ich durch den Regen zu meiner Hütte rüber. Ich ging durch zerdrückten Löwenzahn im Matsch, hob meine Stiefel über zerfallene Pferdemisthaufen und musste über zwei Zäune klettern. Dann erreichte ich meine kalte Hütte, schüttelte meine Jacke aus und schloss die Tür hinter mir.

Ich ging früh zu Bett und schlief sofort ein.

Als ich aufwachte, war es finster. Ich hörte den Regen. Lange lag ich einfach im Dunkeln. Das Wasser prasselte ununterbrochen aufs Blechdach meiner Hütte. Um 4.29 Uhr begann es zu dämmern. Vielleicht war ich noch mal eingeschlafen. Irgendwann stand ich auf und trat nach draußen. Der Himmel war hell, aber es schüttete noch immer. Es roch nass. Die Pferde standen zwischen den geparkten Trailern und Trucks wie benommen da. Sie ließen das Wetter über sich ergehen. Es blieb ihnen nichts anderes übrig.

4

Den ganzen Morgen regnete es. Daher fuhr ich mit dem Auto nach Süden durch den Ort Turner Valley und weiter Richtung Black Diamond, statt reiten zu gehen. So konnte ich mich immerhin in der Gegend umschauen. Hinter Black Diamond erstreckte sich links und rechts von mir unendlich weites Land. Im Rückspiegel sah ich den Highway 22, den ich wie einen Schleier hinter mir herzuziehen schien. Am Horizont standen die schneebedeckten Berge. Ich erinnerte mich, wie wir in der zehnten Klasse im Kunstunterricht einmal die Aufgabe bekommen hatten, einen Autorückspiegel zu zeichnen und das, was wir uns vorstellten, darin zu sehen. Ich habe genau eine solche Landschaft gezeichnet: Land, so weit das Auge reichte.

Es waren diese Orte, wo das Land nicht zu enden schien, wo die Menschen rote Scheunen mit schwarzen Dächern und weißen Tür- und Fensterrahmen gebaut hatten, wo kilometerlange Zäune die Weiden unterteilten und in riesiger Schrift an Hausfassaden *Livestock Auction* stand, die mich zufrieden machten und mir die Angst nahmen. Hier hatte ich keine Angst, vor nichts. Ich fühlte mich passend. Ich fühlte mich rund im Runden. Ich nahm das Gefühl hin, ließ mich von der Radiomusik berieseln und fuhr immer weiter geradeaus. Der Regen ließ allmählich nach.

In Okotoks musste ich vom Highway abfahren. Ein Unfall. Ich sah lauter blinkende Lichter herumstehender Rettungswagen. Sheriffs in schwarzen Uniformen standen auf der Straße und sprachen in Funkgräte. Ein umgekippter Laster und zwei Personenwagen lagen im Straßengraben. Sekundenlang beschäftigte mich der Gedanke, dass in meinem momentanen Glück andere Menschen tot waren oder verletzt ins Krankenhaus gebracht wurden. Es war diese Welt, dachte ich, die voller Leben war, in der das Unglück willkürlich auf das Glück folgte – oder umgekehrt.

In Nanton aß ich zu Mittag. In Claresholm streifte ich durch den *Frontier Outfitting*-Laden an Westernsätteln vorbei und überlegte am Regal, an dem bis zur Decke hoch die Lassos hingen, ob ich mir nun endlich ein Lasso kaufen sollte. Doch ich ließ es bleiben.

Gegen 16 Uhr kam ich zurück nach Anchor D. Zum ersten Mal zeigte sich die Sonne, das Wolkendach ließ ein paar Sonnenstrahlen durch, und es wurde sommerlich warm.

Der Boss hatte sich von irgendwo einen Hundewelpen abgeholt. Er nannte ihn Luke. Luke hatte blondes Welpenfell und tollte auf der Veranda herum. Blythe drehte mir eine Zigarette. Wir rauchten, tranken Cyder, und der Duft von frischem Tabak hing in der wärmer werdenden Luft. Alle schienen erleichtert zu sein, dass sich das Wetter endlich gebessert hatte. Luke nahm sich ein Stück Hufhorn und kaute darauf herum.

»Seit wann kannst du Pferde beschlagen?«, fragte ich Blythe.

»Keine Ahnung«, antwortete sie und lachte mich an. »Ein paar Jahre. Allerdings erfahre ich gerade, dass man auf einer Ranch unersetzlich wird, wenn man Pferde beschlagen kann. Das heißt acht Stunden am Tag, jeden Tag.«

Fortan ging ich mit Blythe ausreiten, und wir redeten viel über das Leben mit Pferden. Natürlich war sie das ultimative Cowgirl, und ich fühlte mich an ihrer Seite unerträglich befangen, unerträglich dressiert und gehorsam. Blythe war einundzwanzig Jahre alt und voller Hingabe zu dem, was sie umgab, egal ob es Pferde, Menschen oder

Landschaften waren. Ich wäre mit einundzwanzig gern gewesen wie sie. Wenn ich nur begann, darüber nachzudenken, wohin mich mein Schicksal verschlagen hatte und wie gezähmt ich bisher gelebt hatte, wurde mir traurig ums Herz.

Man kann sich seine Herkunft nicht aussuchen, aber man muss sich irgendwann entscheiden und losgehen, um seine eigene Geschichte zu schreiben. Ich bin mir sicher, dass mich meine Geschichte immer hierher, in den Matsch, geführt hätte, dass sie schon immer darauf ausgelegt war. Hier, wo man auch als Frau die Pferde beschlug, wo man an jedem Tag arbeitete, nur an Weihnachten nicht. Hier, wo jeder Anrufer seine Nachricht auf dem Anrufbeantworter hinterlassen musste, weil man sich grundsätzlich draußen und nie in der Nähe eines Telefons aufhielt. Hier gehörte ich hin, wo man das lebte, was andere nur vorgaben zu sein. Zur Hölle mit der Fernsehserie, mit dem Fake, *dies* war die Realität – *meine* Realität. Es war egal, wo ich herkam – jeder Cowboy, jeder Outlaw hatte seine dunkle Vergangenheit, über die er nicht sprach und zu der ihm keiner dumme Fragen stellte. Ich hatte meine. Als Hufschmiedin könnte ich noch mal von vorne anfangen. So wollte ich es, und so würde ich es machen. Ich schien endlich zu begreifen, ja zu spüren, wer ich war. Nach all diesen Jahren.

»Ich«: diese lächerlichen drei Buchstaben.

5

Es war stockdunkel, als ich um 1.30 Uhr erwachte. Kein Regen prasselte mehr aufs Hüttendach. Ich hörte nur die Pferde, die draußen schnaubten, leise wieherten und durch den Matsch stapften.

Ich fragte mich, ob all das Einbildung war. War es aber nicht. Es war meine ganz eigene Wirklichkeit. Ich lag mit geschlossenen Augen wach im Bett, und mir kamen die Tränen.

Ich fühlte mich nicht traurig. Oder doch? Ich wusste nicht recht, was ich fühlen sollte, glaubte aber zu spüren, dass ich voll mit Hoffnung war, aber es ungewiss war, ob sich diese Hoffnung jemals erfüllen würde. So lange schon träumte ich von einem Leben als Cowboy, auf einer Ranch mit Rindern und Pferden. Nun war ich zweiunddreißig, und ich träumte noch immer. War das gut so?

Der Himmel begann zu schimmern. Das große Fenster neben meinem Bett war im Goldenen Schnitt von einem breiten Wolkenband geteilt; unten stand der pechschwarze Wald, darüber lag das Silber der Dämmerung, dann das Wolkenband, und darüber stand erst in Weiß, dann immer hellblauer werdend der Himmel.

Zart und leise begannen die Vögel zu zwitschern, ihr Gesang war nicht aggressiv und besitzergreifend wie in der Stadt – er war höchstens eine Ahnung. Barfuß und im Pyjama ging ich nach draußen und setzte mich mit eng verschränkten Armen auf den Holzzaun. Nebel hing im Tal, die Pferde hatten sich in meiner Nähe versammelt. Sie schnaubten und dösten. Das Blau wich einem Hellrosa, allmählich wurde es sieben Uhr.

Meine Hütte hatte keine Dusche, sie hatte eine alte Badewanne, und die Badewanne hatte einen Wasserhahn, der nach allen Seiten spritzte. Ich ließ heißes Wasser ein. Die Sonne begann über dem Wald aufzusteigen.

Nach dem Baden trank ich, mit baumelnden Beinen auf dem Holzzaun sitzend, vor meiner Hütte Kaffee. Da hörte ich den trockenen Knall einer Peitsche. Ich guckte zu, wie sich die Pferdeherde trabend über die Weiden zwischen meiner Hütte und der Ranch Richtung Corral bewegte. Ich hörte die Rufe und das Klatschen der Treiber und immer wieder den Knall. Er klang wie ein Schuss. Da scherten sechs Pferde aus und kamen in meine Richtung galoppiert. Pablo – der mexikanische Vaquero – rannte mit und trieb sie zur Herde zurück. Ich sah Blythes hellen Hut in den Espen, sie war zu Pferd und schnitt einem anderen Tier im Galopp den Weg ab. Dabei schwang sie ihre Peitsche. Es knallte. Nach nur wenigen Minuten strömten alle Tiere durchs große Gatter in den Corral. Das Schnauben und Wiehern der zusammengetriebenen Pferde übertönte den Morgengesang der Vögel.

6

Nach dem Frühstück im Haupthaus stattete mich Dewey für einen Ritt in die Berge mit Lederchaps, einem schwarzen Filzhut und einer Schimmelstute aus. Ich schnallte die Chaps um, setzte den Hut auf und stieg in den knallgelben Ford 800 Truck, an dessen Kupplung ein Trailer mit vier Pferden hing. Der Motor startete mit Maschinengetöse, und die Fahrerkabine wurde von den arbeitenden Zylindern erschüttert. Dewey haute mit der flachen Hand einmal kräftig aufs Armaturenbrett – die Countrymusik ging an, und er begann dazu zu singen.

Wir fuhren in den *Sheep River Provincial Park*. Auf dem Weg entdeckte Dewey an einem fast senkrecht herabfallenden Hang eine Herde Dickhornschafe. Wie die Tiere bei solchem Gefälle so dicht beieinanderstehen konnten, war mir ein Rätsel. Unbeweglich harrten sie da oben aus, während wir tiefer und tiefer ins Flusstal hineinfuhren.

Dewey, Blythe, Pablo und ich begannen den Ritt in die Kananaski Mountains im Schritttempo. Wie Akrobaten kletterten die Pferde den steilen Bergpfad hoch, überwanden Schmelzwasserbäche, Baumstammmikado mitten im Weg, knietiefen Sumpf, Schotterhänge, Schneefelder und senkrecht ansteigende Trampelpfade. Wir ritten durch Wärme und Kälte, durch leichten Regen und Sonnenschein. Es eröffneten sich mir Blicke über sattgrün bewachsene Täler, an deren Ausgängen die blauen kanadischen Rockies emporragten. Ich wollte mit meinen Fingern über ihr Gesicht streichen, so nahe, so echt wirkten sie. Ich ritt an den Wangen abfallender Felswände entlang und guckte gegenüber auf Hunderte Hektar gesunden Tannenwald. Ich atmete den Duft von frischem Morast und reiner Luft. Sonst herrschte nichts als Stille.

Gegen Mittag erreichten wir ein Marschland. Es war eine Sumpflandschaft, wie Elche sie lieben – doch weit und breit sah ich kein Tier. Wolken hingen tief. Was aussah wie Wiese, gab unter den Hufen der Pferde nach. Wir ritten zu einer Anhöhe an der östlichen Kurve der von Tannenwald umschlossenen Ebene. Hier legten wir Rast ein, stiegen nach vier Stunden im Sattel von den Pferden, lockerten ihre Gurte und gönnten ihnen und uns eine Rast. Ich war erschöpft, aber nicht hungrig. Ich nahm meinen Hut ab und legte mich an einer Stelle rücklings aufs Gras.

Wenn ich darüber schreibe, klingt das romantisch, doch in dem Augenblick, in dem ich es tat, in dem es geschah, war eigentlich nichts dabei. Die Natur stand und lag da, wie sie war. Ich befand mich in einem Zustand, von dem ich wusste, dass er höchstens in meiner Erinnerung erhalten bleiben würde. Während ich dort lag, fiel ich in einen Dämmerschlaf. Ich genoss es, keinen Durst oder Hunger, kein Gefühl für die Zeit zu haben, kein Verlangen nach Kontakt, Nähe oder Distanz. Ich lag befreit irgendwo im Nirgendwo. Pablo hockte neben mir und aß sein Eiersalat-Sandwich. Hinter mir saß Blythe und aß, ich lag da, hörte die Mücken an meinem Ohr und atmete. Eine Zigarette hätte ich gern gehabt, doch ich hatte nichts zu rauchen bei mir. Die ersten Trapper, die in den Wintern um 1800 in diese Gegend gekommen sein müssen, Biber gejagt hatten und durch die Wälder gestreift waren, können nicht mehr oder weniger glücklich gewesen sein, als ich es in jenem Moment war. Ich fühlte mich den Geistern ihrer Seelen irgendwie verbunden und glaubte, dass sich unsere Leben im Grunde nicht wirklich voneinander unterschieden. Meine Bedürfnisse deckten sich mit jenen Bedürfnissen von 1800. Auch ich freute mich auf eine heiße Badewanne, einen Drink, einen Haarschnitt und warme Füße. Wie schön die Vorstellung eines weichen Federbettes war! Und so lag ich einfach weiter da, verborgen in den Innereien der Kananaski Mountains.

7

Zurück aus Kanada, wieder in Berlin, war mir klar: Ich musste etwas lernen, das mich als Arbeiterin auf einer Ranch qualifizierte.

»Wenn du auf einer Ranch arbeiten willst, musst du Pferde beschlagen können«, erinnerte ich mich an die Worte von Blythe. Je mehr ich darüber nachdachte, desto klarer war mir: Ich wollte Hufschmied lernen. Nicht nur faszinierte mich das Handwerk, sondern auch der medizinische und anatomische Aspekt dieser Kunst. Ich war zwar mein Leben lang geritten, aber was genau wusste ich eigentlich übers Pferd?

Fast nichts, war meine eigene Antwort auf diese Frage – und das schon seit dem ernüchternden Telefonat mit Wallie im Frühjahr 2014. Von Mr. Mungas hatte ich es gelernt, Wallie hatte es mir zwei Jahre später am Telefon gesagt: Ich konnte eigentlich nichts, das mich als Cowboy qualifizieren würde.

Seltsam war das Gefühl, ein Leben lang in meiner Phantasie Rinder über Steppen und durch Flussbette getrieben zu haben, nachts meinen Kopf in einem Bett von Montana-Sternen niedergelegt zu haben und tagsüber zwölf Stunden statt im Zug oder im Auto im Sattel auf einem Pferd gesessen zu haben – und in der Realität nicht mal darauf gekommen zu sein, ein Lasso werfen zu üben oder irgendetwas zu lernen, das für den Cowboyberuf nützlich war.

Doch wenn ich nun das Lassowerfen üben wollte, wo bekäme ich denn hier in Berlin ein Lasso her? Sofort bereute ich, dass ich aus Kanada keines mitgebracht hatte.

Und welche Kenntnisse, die für den Cowboyberuf wichtig waren, hätte ich denn auf einer Schule erlernen sollen? Des Cowboys Schule war das Leben, war das Überleben. Den Cowboy konnte man nicht »üben«. Man musste ihn leben, erst als *Greenhorn,* dann als altes Eisen.

Über die Jahre hatten sich antiquarische Bücher über den Westen, über Indianer, Cowboys, Outlaws, Spieler, Pioniere, Trapper, den Bürgerkrieg und die Geschichte der Entdeckung und Besiedlung Amerikas in meiner Bibliothek angesammelt. Ich machte mich dran, darin nachzulesen, was ein Lasso genau war und wie man damit umging. So manches wusste ich bereits aus meinen Lieblingsbüchern von Louis L'Amour und Cormac McCarthy und aus Kanada.

Um gleich mal einen Irrtum aus dem Weg zu räumen: Das Lasso ist kein weiches Seil, das man über dem Kopf schwingt. Ein Lasso ist hart und steif, man schwingt es zwar über dem Kopf, aber da man es auch zu Pferd nutzt, muss man lernen, es seitlich oder zumindest im 45-Grad-Winkel zu drehen.

Mit einem Lasso kann man Kälber aus einer Herde »sortieren«, sie von ihrer Mutter trennen, um ein Brandzeichen zu setzen und sie somit als die eigenen zu markieren. Ein Cowboy setzt das Lasso ein, um Rinder aus Schlammlöchern zu ziehen, in die sie geraten und dabei so tief einsinken, dass sie unfähig sind, sich selbst zu befreien. Das Lasso wird benutzt, um einen wildgewordenen 700-Kilo-Bullen wieder einzufangen und zurück zur Herde zu ziehen. Man braucht es, um sich ein passendes Pferd aus der Remuda – der Gruppe von Arbeitspferden, die für die Rancharbeit gebraucht werden – zu holen. Man braucht es als Peitsche, als Waffe gegen Wölfe, als Rettungsseil, und früher hängte man auch sicherlich gern einen Outlaw damit an einen *Cottonwood Tree*. Obwohl Cowboys in der Regel keine Burschen waren, die Lynchjustiz ausübten.

Pablo von Anchor D konnte das Lasso um sich selbst drehen und in der Lassoschlaufe tanzen. Er hatte mich eines Abends gefragt: »*Can I sho you hau to tro a lariat?*«

»*Yees, wit plescha, senior!*«, hatte ich begeistert geantwortet.

Es war Zufall, dass wir beide Linkshänder waren. Das spielt eine Rolle, denn je nachdem, mit welcher Hand die Lassoschlaufe gedreht wird, muss das Lasso aufgerollt sein. In Pablos Hand wirkte das Lasso wie eine gezähmte Schlange. Er zum Beispiel, und wie es Mexikaner zu tun pflegen, drehte es neben seinem Körper. Wenn er es warf, sagte er: »*You always ave to pull it back. Always. Pull it back.*« Und das tat er so, dass das Lasso, wenn es zu ihm zurückkam, über den Boden zischte wie eine verärgerte Kobra.

Er drückte mir das aufgerollte Seil in die rechte Hand: »Der Daumen liegt oben, so kannst du Seil füttern, falls nötig. Die Honda hältst du in der Wurfhand, und nun öffne die Schlaufe gut einen Meter weit.«

Als ich die entsprechende Seilringgröße hatte, sagte Pablo: »Du drehst das Lasso nicht mit dem ganzen Arm, sondern aus dem Handgelenk.« Er führte mir den Kopfwurf vor, und ich machte es nach. Wir warfen die Schlaufe so, dass wir den Kopf oder beide Hörner des stählernen Übungsbullen einfingen. Ich drehte die Schlaufe drei- oder viermal überm Kopf. »Immer so, dass du deine Uhr siehst«, riet mir Pablo. Dann warf ich die Schlaufe wie einen Dartpfeil ins Ziel. Nach ein, zwei Versuchen legte sich die Schlaufe tatsächlich um die Hörner des Bullen.

»*Pull back!*«, rief Pablo. Und sofort zog ich das Seil zurück, spannte es an, die Schlaufe zog sich zu. Ich lachte, nahm das Seil von den Hörnern und rollte es wieder auf.

»Kälber kannst du locker zu Fuß einfangen, aber fängst du einen ausgewachsenen Bullen, brauchst du das Pferd und einen zweiten Mann. Der eine fängt das Tier am Kopf, und der andere fängt die Hinterbeine mit einem Beinwurf ein.«

Beim Beinwurf wird die Schlaufe so in den Sand geschleudert, dass der Bulle beim nächsten Schritt in die Schlinge tritt. Während der eine Reiter den Bullen an den Hörnern hat, zieht ihm der zweite an den Hinterbeinen die Füße unterm Rumpf weg. Liegt der Bulle so auf dem Boden, kann er gebrändet, geimpft, kastriert, verarztet oder untersucht werden. Dabei werden die Seile von den Pferden immer straff gehalten. Die Arbeit mit dem Lasso bedarf nicht nur des Könnens des Reiters, sondern auch des Könnens des Pferdes. Es ist wie ein Katz-und-Maus-Spiel, wobei das Pferd die Katze ist. Erfahrene Pferde verhalten sich beim Ropen so, als würden sie die Kuhsprache sprechen und sich vom Gehabe ausgewachsener Rindviecher nicht beeindrucken lassen.

Im Zuge meiner Lasso-Lektion mit Pablo lernte ich das Lasso als Arbeitsgerät kennen, das Geschicklichkeit und Übung erfordert. Ich hatte abendelang geübt, hatte erste kleinere Erfolge erzielt – und hier in Berlin fehlte es mir nun, das Lasso.

8

Den Umgang mit dem Lasso zu lernen war nur eine der vielen kleinen und großen Herausforderungen, die der Realisierung meines Traumes im Wege standen.

Ich musste irgendwo und irgendwie lernen, Pferde zu beschlagen. Zwar besaß ich schon mehrere Jahre ein Pferd, doch erst jetzt trieb mich der Gedanke um, diese Tiere genau verstehen zu wollen. Wenn ich den Huf meines Pferdes nun genauer betrachtete, ließ es mir keine Ruhe, dass dies ein Teil des ganzen Pferdes war, dem ich nie genug Aufmerksamkeit geschenkt hatte. Ich wollte die Schmiedekunst erlernen.

Ich rief also bei meinem Hufschmied aus Falkensee an und erzählte ihm von meinem Vorhaben, Hufschmied lernen zu wollen. Er war schon sehr überrascht: »Sie sind die erste Pferdebesitzerin, die mir so was erzählt.«

Ich fragte ihn auch, wann er mein Pferd das nächste Mal beschlagen würde.

»Ich würde gerne zugucken und wollte fragen, ob Sie mir was dazu erklären könnten.«

»Das ist eine ganze Wissenschaft! Die kann ich Ihnen nicht bei einem Beschlag erklären«, lachte der Schmied.

Aber ich verabredete mich trotzdem mit ihm und ging eines Mittwochnachmittages zum Stall, um ihn dort zu treffen.

»Sind Sie sicher, dass Sie Hufschmied lernen wollen?«, fragte mich Herr Lentz. Seine Unterarme waren mit Muskeln bepackt, in seine Oberarme passten zwei von meinen.

»Ja, ich bin mir sicher«, sagte ich.

»Ich kann Ihnen nur sagen, einfach ist das nicht. Und

manche meiner Kollegen enden im Rollstuhl. Es ist ein harter Job, und Sie können sich kaputtmachen.«

»Ich möchte aber trotzdem lernen, wie man ein Pferd beschlägt«, beharrte ich.

Herr Lentz war nicht der Einzige, der mir von meinem Vorhaben abriet. Jene, die es erfuhren, sagten: »Eine Arbeit für Frauen ist das nicht.« Oder: »So schnell wird man aber nicht Hufschmied, da braucht man jahrelange Erfahrung.«

Ich blieb trotzdem fest entschlossen.

In Deutschland, so steht es auf »www.ausbildung.de«, ist Hufschmied kein Ausbildungsberuf, sondern kann nur durch eine Weiterbildung erlernt werden. Als Hufschmied »verpasst man jedem Pferd das passende Schuhwerk«, heißt es dort – schlimmer kann man es wohl nicht formulieren. Und dazu benötigt man in Deutschland auch noch eine berufliche Vorbildung in Form einer abgeschlossenen Ausbildung, zum Beispiel als Schlosser oder als sonst was, das mit Eisen zu tun hat, spezifiziert wird diese Ausbildung nicht. Zwei Jahre lang muss man einen erfahrenen Hufbeschlagsschmied begleiten und parallel dazu in einer viermonatigen Fachschulphase alle theoretischen Hintergründe studieren. Hatte man die Abschlussprüfung bestanden, konnte man Hufschmied werden und Eisen verpassen. Das klang mir viel zu sehr nach Schule – ich wollte nicht zurück in die Schule –, zudem dauerte mir das alles viel zu lange.

Aus Vermont wusste ich, dass man in Amerika auf Hufschmiedschulen gehen konnte. Auch erinnerte ich mich auf einmal wieder an Jack, unseren Schmied auf der Farm, und dass mein Vater einmal erwähnt hatte, er sei auf der Cornell University gewesen, um Hufschmied zu lernen. Natürlich fand ich es viel spannender, an einem amerikanischen Institut Hufschmied zu lernen als auf einer deutschen Laminat-Berufsschule mit Schließschränken, die nach Zwiebelbrot stanken.

Cornell war eine Universität irgendwo im Norden Amerikas, kurz vor den Niagarafällen. So viel wusste ich, den Rest recherchierte ich im Internet. Tatsächlich bot Cornell ein von der Schule für Veterinärmedizin ausgehendes Programm für Hufschmiede an. Die Ausbildung dauerte vier Monate. Jeder, mit oder ohne Vorkenntnisse, konnte dort einen Einstieg in die Arbeit des Hufschmiedes finden. Das Programm beinhaltete Theorie und Praxis, und ungeduldig, wie ich war, aus Berlin wegzukommen, kam mir das sehr entgegen.

So wollte ich das.

9

Mir wurde immer klarer, dass ich die brandenburgische Steppe möglichst schnell verlassen musste, und zwar mit Sack und Pack.

Für immer.

Wenn ich wieder nach Vermont reisen würde, könnte ich dort weiter an meinen Plänen arbeiten, die Bewerbung für die Uni schreiben und mir meine Empfehlungen einholen. In Vermont fühlte ich mich meinem Vorhaben so viel näher als hier, wo ich von dem, was mich glücklich machte, entkoppelt zu leben schien.

Leb wohl, Berlin.

Als ich meine Koffer zum x-ten Mal packte, ging mir

nicht aus dem Sinn, wie oft ich in meinem Leben schon geflohen und weggerannt war. Ich machte mir viele Gedanken dazu. Da war immer ein großes, schwarzes Loch in mir drin gewesen. Keine Reise, keine Beziehung, kein neues Buch hatten dieses Loch jemals gefüllt. Es blieb immer leer.

Nun floh ich ein weiteres Mal aus Berlin, doch diesmal fühlte es sich anders an. Diesmal hatte ich einen realistischen Plan, und ich stand voll und ganz dazu, dass ich die Zelte abbrach, um an anderer Stelle neu zu beginnen.

Der Gewissensbiss »Ich kann nicht immer fliehen« war der verzweifelte Versuch, mich vor dem zu bewahren, was mich unglücklich oder glücklich machen könnte. Es war der verzweifelte Versuch, mich vor dem zu bewahren, was man »das Leben« nannte.

Warum durfte ich nicht weglaufen, wenn mir etwas nicht passte? Und warum musste ich immer genau dann bleiben, wenn ich versuchte zu gehen? »Meine Probleme werden mich einholen – egal, wo ich bin.« Damit hatte ich völlig recht. Aber statt mich von meinen Problemen erdrücken zu lassen, musste ich mich von ihnen emanzipieren, und das würde nur möglich sein, wenn ich über mich selbst hinauswuchs.

Wenn ich aus dieser Stadt floh, hielt ich mir die Option offen, am Leben zu bleiben. Hier auszuharren war schlicht und einfach keine Option für mich. Ich wusste, es wäre meine langsame, aber sichere Vernichtung.

Beim Kofferpacken traf ich also nach vierzehn Jahren endlich die Entscheidung, mich, statt dem qualvollen Tod ins Auge zu blicken, auf mein Pferd zu schwingen und in die Prärie zu reiten. Nur das ergab Sinn.

Wer weiß, was er will, und weiß, dass ein Problem nicht

immer an Ort und Stelle gelöst werden kann, der soll doch bitte einfach mal Hals über Kopf fliehen: so richtig mit Wegrennen, Wegfahren oder Weggehen, alle Zelte einreißen, alles hinschmeißen, alles stehen und liegen lassen, die Tür zuschlagen und gehen. Das ist der Pioniergeist.

Mit der Asche verbrannter Erde kann man sich waschen. Aus der Asche entsteht neues Leben, und selbst buntgefiederte Vögel können aus der Asche geboren werden.

So war es mit meiner Flucht auch. Ich war überzeugt, dass aus ihr mein neues Leben entstehen konnte.

10

Am 10. August 2014 verließ ich Berlin zum x-ten Mal, diesmal, um wieder nach Vermont auf die Farm zu reisen. Vermont, der Ort der Heimkehr, der Ort, der mich schon immer bedingungslos aufgenommen hatte, der Ort, an dem ich mich in meiner Haut wohl fühlte und nie jemandem eine Erklärung schuldig war. Ganz anders als in Berlin, wo es immer in Frage zu stehen schien, warum ich so lebte, wie ich lebte: ungebunden, mit meinem Notizbuch und meinem Kugelschreiber auf Reisen – immer auf der Suche.

Ich schaute mich nicht um, als ich mal wieder fortfuhr. Und ich schaute auch nicht mehr in mein Leben in Deutschland zurück. Denn es gab etwas, das ich neben der Tatsache, dass ich eben trotzdem fliehen konnte, noch gelernt hatte: »Die Vergangenheit wird meine Gegenwart nicht mehr bestimmen.«

Als ich am Gate des Flughafens saß, sah ich mir die anderen Wartenden an. Jeder Reisende schleppte doch seine eigene Buddel Wein, sein Kartendeck und seine Freuden und Enttäuschungen mit sich herum. Wir alle waren alternde Glücksspieler. Ich auch. Ich war verrückt danach, zu entkommen. Ich war verrückt danach, nur noch ein einziges Mal über die Brücke zu rennen und sie dann in Brand zu stecken.

Über Boston stand der Vollmond platt und gelb am Himmel. Während der ganzen Autofahrt zur Farm nach Vermont herrschte Dunkelheit.

Fast erschütternd, wie schön Vermont war, als ich am nächsten Morgen aufstand. Ich frühstückte, und dann rannte ich zum Stall hoch.

Der Stallmeister war da und mistete die Boxen aus. Ich griff mir einen Besen, begann zu fegen und fragte ihn, ob ich wohl mal mit dem Schmied mitfahren könne, um von ihm das Schmieden zu lernen.

Es schien mir eine halbe Lebenszeit her, dass ich den Hufauskratzer in der Putzkiste gefunden hatte.

»Jack ist in zwei Wochen hier, am besten, du fragst ihn selbst. Hm?«

Ich nickte.

Zwei Wochen wären in Berlin vielleicht eine Ewigkeit gewesen, doch ich war in Vermont, und es gab viel zu tun.

Ich fing an, die Papiere für die Bewerbung an der Cornell University zusammenzusuchen. Ich suchte nach Bekannten aus der Umgebung, die mir Referenzen schreiben könnten, und begann, einen von der Uni verlangten Aufsatz zu entwerfen, warum zur Hölle ich auf die Hufschmiedeschule wollte. Ich wusste überhaupt nicht, ob das alles so klappen würde – aber ich musste es versuchen.

Die Tage flogen dahin, und plötzlich kam der Mittwochnachmittag, an dem die Pferde auf der Farm von Jack beschlagen werden sollten.

Es stand im Stall in Grün auf dem weißen Markerboard: *Jack on Wednesday @ noon.*

Als ich zum Stall hochkam, sah ich, dass er seinen Truck wieder am hinteren Ende des Stalls geparkt hatte. Dort schien die Sonne herein, dort wehte ein kühler Wind. Der Aufbau auf der Ladefläche seines Trucks war an drei Seiten zu öffnen; hinten und jeweils an beiden Seiten. Links waren an einem schrägen Gestell auf nebeneinander verlaufenden Stangen unterschiedliche Rohlinge von Hufeisen aufgehängt. Auf der anderen Seite verstaute Jack lange Eisenstangen und seine Werkzeuge. Alles hatte in Fächern oder Schubkästen seinen Platz. Sonst standen da weiße Plastikeimer, Boxen mit Hufnägeln, Besen und Rollen von Schleifpapier. Der Gasofen war auf einem ausfahrbaren Arm angebracht, den hatte ein Schmied immer dabei. Den Amboss ebenfalls.

Jack trug ein rot-kariertes Hemd, eine Schirmmütze, seine Lederchaps, Levi's-Jeans und hielt einen Hammer in der Hand.

»Du willst Hufschmied lernen?«, fragte er mich und ließ den Huf, den er gerade zwischen den Oberschenkeln hatte, um die Zehe zu kürzen, sinken. Er richtete sich auf.

»Ja. Ich will auf einer Ranch arbeiten, und dafür muss ich Pferde beschlagen können.«

»Das stimmt.« Jack steckte seine Zange zu anderen Werkzeugen dazu, die in einer Werkzeugkiste auf Rädern bereitstanden. Er wischte sich die Hände an den vom Gebrauch glänzend gewordenen Oberflächen seiner Lederchaps ab. Ich stellte mich in den Rahmen der Schiebetüre, lehnte mich mit dem Rücken an den Holzrahmen und hielt mein Gesicht in die Sonne. Jack schmiss den Ofen an und legte ein für das Pferd passend zu machendes Eisen hinein.

»Ich liebe meinen Beruf«, sagte er dabei und schaute mich aus seinen grünen Augen an. »Es ist der beste Beruf der Welt.«

Der Bartflaum in seinem runden Gesicht schimmerte rötlich. Er rückte seine Schirmmütze zurecht und hob und senkte seine runden, kräftigen Schultern. »Willst du eine Eisenstange durchschneiden?«

Nichts, was ich lieber getan hätte.

Er zog eine Eisenstange aus dem Kofferraum seines Trucks und legte sie auf eine Vorrichtung an der Kupplung, an die man sonst Anhänger anschloss. Es handelte sich um einen ausziehbaren Eisenkolben, in den Kerben eingeschnitten waren. Dort legte er die Eisenstange hochkant hinein, so dass sie im rechten Winkel zur Schneidevorrichtung lag. Er gab mir einen großen schweren Schlüssel in die Hand, der ebenfalls Kerben hatte. Diesen setzte er genau da an, wo er das Stück Eisen von der Stange abtrennen wollte – für ein Hufeisen von zwölf Inches Durchschnitt etwa dreißig Zentimeter. Man drehte das Eisen also vielmehr, als es zu »schneiden«.

»Probiere es.«

Ich packte den Schlüssel am langen Griff und versuchte, das Ding runterzuhebeln, aber nichts bewegte sich. Ich nahm beide Hände und stützte meinen ganzen Körper mit den Füßen in der Luft drauf ab – nichts drehte sich.

»Wir nehmen ein leichteres Eisen«, sagte Jack. Er wechselte die Stangen aus und setzte den Schlüssel erneut an. Mit beiden Händen und all meiner Kraft sowie etwas Hilfe von

Jack schaffte ich es, dass das Eisen nachgab und sich abdrehte. Klimpernd fiel das abgetrennte Stück zu Boden.

»So, das ist der Anfang eines selbstgefertigten Hufeisens. Erst schneidet man die Stangen, dann biegt und schmiedet man sie passend zum Huf.«

»Cool«, dachte ich. Und dann dachte ich: »Wie soll ich das bloß jemals schaffen?«

Wir kamen ins Gespräch. Bei unserer letzten Begegnung vor zwei Jahren hatten wir uns über den *Cowboy Way of Life* unterhalten, und nun taten wir es wieder. In unser beider Leben spielten Pferde natürlich eine wichtige Rolle. Und Jack sagte zu meinem Plan, Hufschmied zu lernen, nur: »Wenn du in den Sattel steigst, musst du auch reiten. Das ist der *Cowboy Way*.«

Jack meinte, er kenne kaum einen Schmied, der auch reite. Er habe mal einen Bullen geritten, aber eher unfreiwillig und sich dabei die Schulter gebrochen. Ich schaute ihn erstaunt an und lächelte.

»Damit bist du ein wahrer Cowboy. Siehst du, ich bin nur ein Imitat, denn ich habe keinen gebrochenen Knochen in meinem Körper.«

Jack nahm das Hufeisen aus dem Ofen, und während es rot-gelb glühte, schlug er es passend zum Fuß. Dabei sagte er: »Ja, ich wollte auch immer Cowboy werden, aber die gebrochenen Knochen hätte ich mir sparen können.«

Jack ging vom Amboss zum Pferd, brannte das Eisen an, verschwand kurz in dem dicken Qualm und kam dann wieder zurück. Er schlug es erneut zurecht, verengte die Zehe und ließ das Eisen dann in den Wassereimer fallen, in dem es fauchend versank. Er hob die Klappe des Feuerofens, schaute nach dem zweiten Eisen, schloss die Klappe wieder und wartete.

»Warst du mal im Westen?«

»Einige Male«, sagte ich.

»Mein älterer Bruder hat sich immer über mich lustig gemacht, wenn ich karierte Hemden trug und mit meinen Cowboyboots durch Savannah, Georgia, zur Arbeit ging. Aber mein Vater hat mir nach seinem Tod all seine Cowboybücher vermacht. Er hatte ein ganzes Regal davon – im Herzen war auch er ein Cowboy.«

Das Besondere für mich an der symbiotischen Beziehung zwischen dem Cowboy und seinem Umfeld war die Kombination von Schroffheit und Zärtlichkeit. Als ich Jack so bei der Arbeit zusah, verkörperte er genau das.

Ich dachte an all meine väterlichen Vorfahren, die vielleicht im Wilden Westen auch Cowboys oder Rancher gewesen wären.

Jack holte das Eisen aus dem Ofen und schlug es auf den anderen Huf zurecht.

Ich weiß nicht, warum, aber als er es schlug und schlug, erinnerte mich das kirschrot glühende Eisen an kalte Butter. Der Hammerschlag klang dumpf und satt, wie Holz auf kalter Butter. Doch dann war das Geräusch vorbei – je mehr das Eisen erkaltete, desto heller und klingender wurde der Schlag. Jack wiederholte das Anpassen und Abkühlen im Wasser, wischte sich über die Stirn, seufzte und sagte: »Was für ein Tag«, und wir beide blickten hinüber zum Horizont, wo die blauen Kanten der eigentlich grünen Berge verliefen. Die wenigen Wolken im Himmel strahlten weiß. Jeder Baum, alles Gras, selbst das Sonnenlicht schien satt und überreif.

»Ja«, bestätigte ich, »*oh Lordy, what a day.*« Wir lachten.

Jack nahm beide Eisen aus dem Wassereimer, und nun begannen wir übers Schmieden und meinen Plan mit der

Hufschmiedeschule zu reden. Ich war berührt von Jacks Passion für seinen Beruf. Nicht ein einziges Mal fielen die Worte »Rückenschmerzen«, »Rollstuhl« oder »hart«. Fasziniert sah ich ihm zu, wie er sich behende ums Pferd herumbewegte, mit wenigen, gezielten Handbewegungen die Nägel in die Hufwand schlug, die überstehenden Nagelspitzen umbog, schließlich abknipste und den Huf glattraspelte. Es duftete nach Hufhorn; faulig, verbrannt, erdig. Es duftete nach Heu und Sonne, und ich stand da und hörte Jacks tiefer, warmer Stimme zu, wie sie von Pferden erzählte.

Ehe ich mich's versah, war es vier Uhr. Ich verabschiedete mich und ging zurück zum Haus.

Als ich später um 18 Uhr zum Stall hochsah, stand Jacks Truck immer noch dort.

11

Eine Woche nach diesem Nachmittag fuhr ich auf dem Weg zu einem Restaurant an einer großen weißen Kühlbox vorbei. Sie stand am Straßenrand im Regen, den Deckel ganz geöffnet. Ich bremste. Jemand hatte mit Klebeband ein Pappschild an die Kühlbox geheftet und mit schwarzem Marker drauf folgende Worte geschrieben: FREE & WORKS. Ich ließ das Fenster runter, dachte kurz nach und fuhr dann weiter. Genau diese beiden Worte gefielen mir.

Dann kam der September und mit ihm mein zweiunddreißigster Geburtstag.

Der Gesang der Vögel weckte mich um fünf Uhr morgens. Sonnenaufgang. Der Tag begann altweiberisch mit Nebelschwaden, die wie dichtes Spinnengewebe über den Baumwipfeln hingen. Kalte Luft lag über dem warmen Teichwasser. Der Tau glitzerte auf dem frisch geschnittenen Gras. Ich zog meine Reithosen an und machte mir Kaffee. Draußen lag buttergelbes Sonnenlicht im Blattwerk der Ahornbäume. Ein Pferd hämmerte mit dem Huf an die Boxentür seines Stalls. Das Knallen hallte und verhallte.

Mein Herz schlug heftiger bei dem Gedanken, gleich draußen sein zu können, um Teil dieser Schöpfung zu werden. Ich fühlte ein ganz reines Glücksgefühl.

»So muss sich mein Leben anfühlen«, dachte ich – »jeden Tag.«

Auf den Wiesen sammelten sich die kanadischen Wildgänse. Die Traktoren standen im Heu und warteten auf ihre Bauern. Keine Wolke hing am Himmel. Ich fühlte schon um acht Uhr morgens, wie alle Saatkörner in mir platzten und zu sprießen begannen. Nach zweiunddreißig Jahren glaubte ich daran, dass dies der schönste Tag meines Lebens werden könnte. Ich sattelte mein Pferd und machte mich auf den Weg in den Wald. Hier flogen die Bremsen und schwebten die Spinnenfäden. Es war totenstill. Nichts regte sich. Ich ließ mein Pferd über die Felder und Wiesen rennen und nahm auf dem Heimweg ein paar Sprünge. Am langen Zügel verschnaufend, trotteten wir nach Hause. Ich kam erst zurück, als auf der Farm gemäht wurde – und es wurde immer um zwölf Uhr mittags gemäht.

Ich stand in der Küche und machte mir ein Sandwich mit geräucherter Truthahnbrust, Tomate und Salat aus dem Garten und gebratenem Speck auf getoastetem Brot mit Senf.

»Du musst dein Leben einfach lieben«, dachte ich. Und so konnte ich es lieben. Nicht, weil es mein Geburtstag war, oder wegen des Sandwiches oder der Sonne, sondern weil ich an einem Ort war, den ich liebte. Weil ich glaubte, dass meine Gebete erhört worden waren und ich mich als Mensch fühlte, der an seinem zweiunddreißigsten Geburtstag seinen Platz in dieser riesigen Welt gefunden hatte. Mein Platz war in Amerika. Ob Montana, Wyoming, Arizona, Vermont – hier fühlte ich mich geborgen. Hier fühlte ich mich in Ruhe gelassen und von meinem Leben geliebt. Ich glaubte, endlich fähig zu sein, Liebe geben zu können.

12

Von draußen hörte ich, wie die Räder von Jacks Truck den Schotter unter sich zermalmten. Ich glättete die Falten meines langen Blumenkleides.

Als ich die Autotür zuschlagen hörte, begann ich mich so sehr zu freuen, dass ich über den Kies zur Garage hüpfte.

Da stand Jack an seinem Truck.

Wenige Tage nach dem Nachmittag im Stall hatte das Telefon eines Morgens im Haus geklingelt, und Jack war dran gewesen.

»Kann ich Louise sprechen?«, fragte er mich.

»Ich bin dran.«

»Oh.« Und nach einer Sekunde des Zögerns: »Ich wollte dich fragen, ob ich dich zum Abendessen einladen darf.«

Ich fühlte mich sehr geschmeichelt und wusste erst gar nicht, was sagen.

»Ja, sehr gerne.«

»Gut.« Und nach einer kurzen Pause fügte er hinzu: »Vielen Dank.«

Und das »Vielen Dank«, das erstaunte mich, da ich mir einfach nicht vorstellen konnte, dass sich jemand dafür bedankte, mit mir Zeit verbringen zu dürfen. Ich, die immer weggerannt war, ich, die so verloren gewesen war, so egozentrisch sich selbst hatte verwirklichen wollen und doch kein Zuhause hatte, mir dankte jemand für meine Zeit?

»Ich freue mich«, entgegnete ich.

»Ich mich auch«, sagte Jack.

»Du hast neulich noch ganz schön lange oben am Stall gearbeitet«, bemerkte ich.

»Nachdem du gegangen bist, habe ich mich aus dem Truck ausgeschlossen.«

Ich lachte. »Was?«

»Im Ernst. Ich stand irgendwie neben mir.«

Und nun stand er also da, nahm seinen Hut ab und öffnete mir die Tür seines Wagens.

Wir fuhren nach Windsor in die *Station,* eine Gaststätte in einem alten Bahnhofsgebäude.

Wir setzten uns in eine Nische.

»Junge Dame aus der Wildnis, darf ich Ihnen einen Drink spendieren?«, fragte mich Jack schelmisch. Jack bestellte mir einen Jameson-Whiskey und ein dunkles Stout-Bier.

Wir tranken, begannen, zu reden und zu lachen, doch da die Musik des Live-Acts so grauenvoll war, beschlossen wir schließlich, zu gehen und woanders zu essen.

Draußen auf dem Parkplatz dämmerte es. Es war warm und roch nach der Küche des Restaurants. Irgendwo lief der Motor eines Wagens, und ich hörte das Lachen einer jungen Frau.

Wir stiegen in seinen Truck, drehten die Musik auf und fuhren über die Backroads nach Quechee, hauptsächlich ein Touristenziel mit Golf- und Campingplatz, das sich rechts und links an den Kanten der tiefen Schlucht *Quechee Gorge* angesiedelt hatte. Hier, neben dem *Comfort Inn,* befand sich auch eine Kaschemme mit zitternden Fluoreszenzbuchstaben, die *Shepard's Pie* schrieben. Der Laden war leer, bis auf einen Menschen an der Bar, der Football im Fernsehen verfolgte.

»Hallo, ihr beiden«, begrüßte uns die Dame, die mitten im Raum stand. »Setzt euch, wo ihr mögt – draußen? Eine gute Wahl. Ich komme gleich mit den Speisekarten.« Sie schlug die andere Richtung ein, wir gingen nach draußen, wo auf einem Wiesenstück Picknicktische standen und ein offenes Feuer brannte. Mittlerweile war es dunkel geworden. Eine Frau sang in ein Mikrophon, begleitet von ihrer Gitarre. Drei Leute saßen in Plastikstühlen um die Feuerstelle herum und unterhielten sich. Wo wir uns setzten, standen noch die leeren Teller der vorherigen Gäste.

»Mann, ich hab Hunger«, sagte Jack, und just in dem Moment stellte ich fest, dass es wieder Vollmond war. Er stand über Jack im dunklen Himmel. Ich dachte an den Tag meiner Ankunft in Boston – er lag genau einen Mond zurück. Und schon wieder konnte ich nicht anders: Ich schaute den Mond an und glaubte, durch die Nacht zu schwimmen. Ich könnte mich, wenn ich es wollte, nur ein wenig zurücklehnen, und da wäre Jack, um mich zu stützen. Ich wusste, dass ich in Vermont war, und hörte, wie die Dame mit den Speisekarten an unseren Tisch trat und bemerkte: »Oh, da sitzt eine Kröte im Gras.«

Ich drehte mich nach Jack um und sagte: »Also, ich küss die nicht.«

Nach dem Essen fuhren wir auf die Farm. Mit jeweils einem Drink setzten wir uns in die Hängematte und sahen den Fledermäusen bei der Jagd zu. Im Wald heulte ein Rudel Kojoten, ihre gequälten Jagdschreie durchdrangen die Nacht. Der indianischen Legende zufolge ist der Kojote derjenige, der einst ein neues Zeitalter angekündigt hatte; er prophezeite die Zeit des »neuen Menschen« – des Weißen.

Für mich begann in dieser Nacht auch eine neue Epoche. Auch mir stand eine Zeit bevor, in der ich unter großen Schmerzen mit meiner dunklen Vergangenheit abschließen musste, um ein neues, besseres Leben beginnen zu können.

Ich hörte das Rudel im Wald, und mir schien, als öffne sich damit mein Brustkorb, meine Seele für die Liebe. Natürlich öffnete dies auch den Zugang zu all den Fehlern, die ich gemacht hatte, mir wurde bewusst, dass ich immer geglaubt hatte, das Geheimnis des Glücks sei die Freiheit. Doch die Freiheit ohne Liebe, ohne Beziehungen, war kein Glück. Die Sucht nach dem Freisein hatte mich verleitet, Dinge zu tun, die mich gebrochen und verletzt hatten. In der Enge meiner Berliner Verzweiflung hatte ich nichts mehr als die Freiheit gewollt, doch die Freiheit allein macht einen Menschen nicht glücklich. Im Gegenteil – Grenzenlosigkeit konnte einen ins Verderben stürzen.

Jack hielt meine Hand, und wir nippten am Whiskey. Ich legte meinen Kopf zurück und sah in den Himmel.

»Komm, ich zeige dir den Birkenhain, hast du Lust?«, schlug ich nach einer Weile vor.

Wir nahmen unsere Gläser und spazierten auf einem

Schotterweg in ein Waldstück nahe der Farm, in dem alle Bäume geschlagen worden waren und nur noch Birken standen. Die sich pellenden Papierrinden der Bäume reflektierten das Mondlicht.

Jack blieb irgendwann stehen, nahm mich in seine starken Arme – und küsste mich. Ohne zu reden, gingen wir langsam weiter. Leicht, fast unmerklich wiegten sich die fragilen Bäume im Wind. Als wir eine Lichtung erreichten, legten wir uns ins Gras und liebten uns unter freiem Himmel. Alles schien zu leuchten.

13

Jack sagt, er käme von dort, wo man Maisbrot in Milch taucht, Hühnchen frittiert, morgens in der Kirche und nachmittags auf der Veranda sitzt. Er sagt, er käme aus Savannah, Georgia, doch das glaube ich nicht. Ich glaube, er ist vom Himmel gefallen.

Er ist zwei Jahre älter als ich, er hat volle Lippen und strahlende, lachende Augen wie der Mond. Seine Hände sind nicht viel größer als meine, aber an allen Stellen doppelt so dick. Acht Jahre hat er jeden Tag geboxt, und das sieht man daran, dass der Übergang zwischen Handgelenk, Handrücken und Fingerknöcheln im Lot ist, wenn er die Faust ballt.

An den Unterarmen verheilen ein paar blassrote Brandschlieren, man kann sie oft sehen, da er die Ärmel seiner Hemden bei der Arbeit hochkrempelt. Jack hat einen Akzent, der nicht nach Vermont passt und ihn von den eigensinnigen Vermontern unterscheidet. Er sagt »Yes, Ma'am«. Er sagt auch »Ya all'«, und das kommt ganz klar aus dem Süden. Jack kann – und das ist sein Beruf – schmieden und Pferde beschlagen. Er kann Trucks flicken – das kann jeder in Vermont. Jack kann Skateboarden. Er kann was bauen und hausschlachten. Er kann tanzen wie James Brown. Jack kann mitten in der Woche bei Sonnenaufgang ein Frühstück mit Eiern, Speck und Buttermilchbrötchen über dem offenen Feuer zubereiten.

Er singt und er trinkt Whiskey – das mag das Blut seiner irischen Vorfahren sein.

Jack schrieb mir einmal:

»… We cowboys maintain our manners
We love to live
Have our freedom
And only our heart to give …«

Gemeinsam bestiegen wir den Mount Ascutney, der im südlichen Vermont liegt. Wir gingen nachts schwimmen und lagen dann unter dem Vermonter Sternenhimmel. Dabei glitzerte der Mond im Wasser eines Teichs, Wolkenschleier hingen wie Laternen in der Nähe der bleichen Sichel, und die Nacht lag schwer und friedlich über uns.

Ich sagte ihm: »Ich hatte mich auf zwanzig Jahre Einsamkeit eingestellt.«

Da sah er mich an und meinte: »*Let it go.*«

14

Ende September musste ich zurück nach Berlin, um ein paar noch fehlende Dokumente für die Bewerbung in Cornell zusammenzutragen. Für die Schule brauchte ich das richtige Visum, da die vier Monate Ausbildung die Zeit des regulären Besuchervisums überschritten.

Jack fuhr mich zum Flughafen. Er sagte zu mir: »Wenn du zurückkommst, dann bin ich der glücklichste Mensch dieser Erde, wenn nicht, dann hatte ich den schönsten Sommer meines Lebens.«

Ich fühlte dabei eine neue, tiefere, ruhigere Zuneigung, als ich sie jemals zuvor gegenüber einem Menschen gespürt hatte, und versicherte ihm, dass ich zurückkommen würde, schließlich wollte ich ja auch auf die Hufschmiedeschule.

Wir nahmen uns in den Arm, er begleitete mich bis zur Sicherheitskontrolle. Ich blickte mich noch mehrere Male um, ich sah sein blaues Hemd im Getümmel, doch irgendwann war Jack weg, und ich musste meine Sachen ablegen. Ein großes leeres Gefühl überkam mich. Als habe man irgendwo ein Loch in mich hineingebohrt, und nun liefe all mein Lebenssaft aus. Die Vermonter Sommertage waren nur noch Erinnerung. Flackernde Bilder in meinem Kopf, nichts als ein stummer Film.

In Berlin empfing mich eine, wie mir schien, riesige und leere Wohnung. Ich versuchte, die dunkle Kraft der Stadt zu ignorieren, und mühte mich mit der Homepage der amerikanischen Botschaft ab, um den M1-Visums-Aufkleber, den ich als Studentin für die Dauer des Programms beantragen musste, in meinem Pass zu erhalten. Ich schickte schließlich meine Bewerbung ab – und konnte nun nichts mehr tun, als auf eine gute oder eine schlechte Nachricht von Cornell zu warten.

Berlin saß mir im Nacken und arbeitete daran, mir alles wieder kaputt zu machen. Was, wenn ich nicht genommen wurde? Was käme danach?

Viele Wochen brachte ich in meinem Arbeitszimmer zu, schrieb, malte und versuchte, mich abzulenken.

Im Alltag eines Cowboys gab es oft lange Stunden, in denen er nichts, absolut gar nichts zu tun hatte. Die Langeweile war die schlimmste Krankheit auf der Ranch; Langeweile war meine schlimmste Krankheit in Berlin. Und so suchte ich mir eine willkommene Abwechslung für meine eintönigen Abende und begann mir darüber Gedanken zu machen, was ich, um Cowboy zu werden, noch alles lernen musste, außer ein Pferd zu beschlagen. Jedes Detail wollte ich über das Cowboydasein wissen, nun, da ich mich seiner Realität immer mehr annäherte. Ich studierte noch mal die Kleidung des Cowboys, seine Sitten und Bräuche, seine Waffen und Werkzeuge. Ich suchte und fand die Antwort auf die Frage, was denn ein »echtes« Cowboy-Outfit war und wie ich es in die Realität übersetzen konnte.

Welche Realität eigentlich? Gab es überhaupt eine Cowboyrealität, oder gab es einfach das historische Material, das von Menschen wie mir zusammengetragen worden war, um einem Mythos auf die Spur zu kommen? Und wenn schon; der Cowboy war mein Rollenbild, und ich wollte mehr über ihn wissen.

Wenn sich ein Cowboy abends auf seine Pritsche setzt, um zu schlafen, zieht er sich immer in der gleichen Reihenfolge aus. Zuallererst werden die Stiefel abgestreift und ans

Bett gestellt. Die Sporen schnallt ein Cowboy nie an und ab, sie sind fester Bestandteil des Stiefels. Es folgen die Socken, die Hose und schließlich das Hemd. Die Unterwäsche behält ein Cowboy immer an. Sie besteht aus einem einzigen Teil: lange Unterhosen mit verstärkten Innenseiten und einem daran angenähten Langarm-Unterhemd mit Knopfleiste. So legt er sich nieder, hängt zuletzt den Hut an den Bettpfosten und deckt sich – je nach Jahreszeit – mit Decken und Fellen zu.

Cowboys können sehr abergläubisch sein, sie denken sich alles Mögliche aus, um dem Schicksal, dem sie unterworfen sind, einen Sinn zu geben. Und so ziehen sie sich auch bei Sonnenaufgang in der genau umgekehrten Reihenfolge wieder an. Hut, Hemd, Hose, Socken, Stiefel. Shotgun.

Jedes Kleidungsstück des Cowboys ist für seine tägliche Arbeit unentbehrlich. Jedes Teil erfüllt einen Zweck und ist vielseitig einsetzbar. Begonnen mit der Hose.

Bei meiner Lektüre musste ich unweigerlich an die Zeit zurückdenken, als ich mit meiner Cowboysehnsucht noch in der Schweiz festsaß. Ich war vierzehn und begab mich in den Gassen von Zürich auf die Suche nach Segeltuchhosen. Ich wusste aus irgendeinem Buch, dass Cowboys Segeltuchhosen trugen, die so steif waren, dass man sie ohne Inhalt auf den Boden stellen konnte und sie dort stehen blieben. Sie saßen eng an der Hüfte und benötigten weder Gürtel noch Hosenträger, und der Stoff war so robust, dass ihm Dornen, Holzsplitter und Witterung nichts anhaben konnten. Doch in Zürich gab es keine Segeltuchhosen, und da ich gar nicht genau erklären konnte, was Segeltuch war, und da dort kein Mensch irgendwas von Cowboys verstand, musste ich meine Suche schließlich aufgeben. Nun, zwanzig Jahre später, nahm ich die Suche nach Segeltuchhosen in Berlin wieder auf.

Es gab neben der Hose noch weitere vier Dinge, die für jeden Cowboy unentbehrlich waren und manchmal sogar das Überleben sichern konnten: Hut, Stiefel, das Bandana – ein großes Halstuch aus Baumwolle – und eine Schusswaffe.

Wie ich in zwei Bänden aus der *Time Life Collection* über den Westen las, konnte der Hut viel über die Geschichte eines Mannes aussagen. Geldeintreiber trugen schwarze Hüte, Städter trugen Melone oder Zylinder, Spieler trugen Gambler-Hüte, Outlaws waren bei der Hutwahl wenig dogmatisch – Hauptsache, es sah individuell aus. An der Qualität des Hutbandes konnte man sehen, wie viel ein Cowboy verdiente, wenn er die Rinder auf dem Vieh-Treck zum Rindermarkt trieb, ob er ein Anfänger oder ein Veteran war.

Ursprünglich waren alle Hüte, die die Cowboys trugen, Filzhüte ohne Falten in der Krone gewesen und hatten runde Krempen. Die Cowboys falzten sich ihre Hüte dann so, wie sie sie gerne haben wollten. Manche trugen die vordere Krempe hoch und schoben sich den Hut zurück bis an den Haaransatz, damit man das ganze Gesicht sehen konnte. Andere falteten den Hut einseitig oder gar nicht.

Mittlerweile gibt es verschiedene Formen von Cowboyhüten. Der *Ridgetop*-Hut ist der Markenhut des Marlboro-Mannes, in seiner hohen Krone formen die länglichen, tiefen Falten eine deutliche Spitze. Die Krempen sind stark nach oben gebogen.

Lucky Luke trägt einen *Telescope*- oder *Gambler*-Hut – typisch für den Süden und Mexiko. Die flache, gerade abgeschnittene Krone verhindert, dass sich im Hut die heiße Luft staut, und seine breite Krempe bietet viel Schatten.

Lief ein Cowboy auf dem hölzernen Bürgersteig durch die staubige Hauptstraße an einem Eisenwarenladen vorbei und kam dort gerade eine Lady aus der Tür, dann fasste der Cowboy seinen Hut mit Daumen, Zeige- und Mittelfinger bei der Spitze und neigte seinen Kopf zum Gruß. Doch ein Hut wurde grundsätzlich nie abgenommen oder abgelegt. Zumindest im Leben eines Cowboys gab es keine feste Regel, wann der Hut abgesetzt werden musste. Natürlich musste man ihn wild durch die Luft schwingen, wenn man im Renngalopp den Indianern davonjagte.

Doch beim Essen behielt man ihn auf. Beim wöchentlichen oder monatlichen Bad in der großen Pferdetränke setzte man ihn nicht ab. Bei Prügeleien war das Letzte, das fiel, der Hut, und manchmal behielt man seinen Hut sogar im Schlaf auf.

Oft, aber eben nicht jeden Tag, habe ich auf Steinkanten unter freiem Himmel gelegen und versucht, mit dem bis über die Nase herabgezogenen Cowboyhut einzuschlafen. Wenn ich umgeben war von Bergen und Wäldern, und es in dem Moment nur mich und diese Welt gab, überkam mich immer das Bedürfnis zu schlafen. Doch mein Cowboyhut eignete sich nicht wirklich für diesen Zweck, er war zu steif. Meistens legte ich ihn auf meinem Bauch ab und schloss die Augen unter freiem Himmel.

Ein richtiger Cowboy aber verwächst mit seinem Hut, der Hut ist weich und anschmiegsam, und er wird wie eine Krone getragen. Niemand kann einem Menschen, der mit Trockenfleisch, Tabak und Whiskey überlebt, das Wasser reichen. Wer Herr über Tausende Rinder ist, meilenweit gucken kann, ohne einen Zaun zu sehen, und ein Pferd besitzt, das ihm unausgesprochen ewige Treue schwor, der hat in sich den Frieden und muss seine Krone niemals absetzen.

Über die Jahre habe ich die Sohle vieler Stiefel abgelaufen, manche – wie jenes Paar aus Montana – habe ich für eine Handvoll Dollar in einem Secondhandshop gekauft. Ob mit hohem Schaft oder nur knöchelhoch; sie halfen mir durch die harten Zeiten, in denen ich auf Berliner Pflaster meines Weges ging. Ich habe sie in der Hitze Arizonas und auf dem Pferd getragen.

Es gibt wunderbare Westernfilme, die dem Stiefel wie auch den Sporen in kleinen Szenen einen besonderen Ausdruck verleihen. Die Sporen eines Cowboys konnten von einem Kollegen geerbt sein, der auf dem Treck an einem Schlangenbiss gestorben war, oder man hatte sie sich beim Poker erspielt, gegen eine silberne Streichholzschachtel eingetauscht.

Die Frauen schätzten einen Cowboy anhand seiner Sporen ein. Konnte er sich eine Frau leisten, waren die Sporen aus Silber und ein Schmuckstück. Dann lohnte es, einen Sommer lang zu warten, zu hoffen, dass der Cowboy auch beim nächsten Rinder-Treck ins Dorf einkehrte, an die Tür klopfte und um ein Bad, einen Haarschnitt und eine Rasur bat.

Der individuelle Klang der Sporen dringt in so mancher Filmszene über die Bretter eines Saloons, über die Schlammstraßen verlassener Dörfer. Das Klingen der Sporen ist ein Element des Westerns, wie es auch der Wind, der Staub und die Speckbohnen sind.

15

Durch die Literatur, die Filme, die Musik konnte ich in einer Welt versinken, die überhaupt gar nichts mit jener Welt gemein hatte, in der ich lebte. Das bemerkte ich, wenn ich zwischendurch aufstand und aus dem Fenster sah. Keine Steppenläufer weit und breit, nur lose gelbe Blätter, die Klänge der Banjos verwandelten sich in Schimpfrufe von der Straße, die auf Hundegekläff und Hupgeräusche folgten. Ich wurde so sentimental bei dem Gedanken, statt auf einem mit Präriegräsern bewachsenen Land zu leben, in einem Meer aus Autos zu schwimmen, dass mir die Tränen kamen.

Doch Selbstmitleid hatte noch keinem Cowboy wieder auf die Beine geholfen, und so klappte ich, wenn mir das alles zu viel wurde, meine Bücher zu und ging in einem einsamen, von Krähen bevölkerten Schlosspark spazieren. Dort sah ich japanische Touristen mit knallorangenen Hüten und Spaziergänger mit kleinen Hunden an farbigen Leinen. Das Wetter war einheitlich grau, und meistens regnete es.

Abends, bevor ich zu Bett ging, stürzte ich mich wieder in meine Cowboystudien.

Wenn etwas unzertrennlich ist, dann sagt man im Englischen: *Something is joined at the hip.* Wer weiß, ob das von der Beziehung des Amerikaners zu der Schusswaffe herrührt. Auf den Cowboy traf diese Redewendung jedenfalls wortwörtlich zu. Der Cowboy und seine Waffe – das war schlicht eine Lebensnotwendigkeit.

Die Waffe war für den Cowboy ein Statussymbol, und ein Cowboy hätte es als Beleidigung empfunden, mit üblen und kranken Outlaws wie Frank und Jesse James, Charley Pierce und seinem Komplizen George »Bittercreek« Newcomb, Richard »Little Dick« West und William »Tulsa Jack« Blake (beides Mitglieder der Doolin-Dalton-Gang) in eine Reihe gestellt zu werden. Ein Cowboy setzte die Waffe an die Stirn eines halbtoten Pferdes. Er feuerte eine »freundliche« Kugel ab, wenn einem Bullen beim Versuch, ihn aus dem Treibsand eines Flusses zu ziehen, eines seiner Beine entzweigerissen worden war. Mit seiner Waffe musste der Cowboy Klapperschlangen schießen, sich gegen Wölfe verteidigen, Rebhühner und wilde Truthähne erlegen, und mit dem glühenden Kolben eines Revolvers konnte er sogar offene Wunden ausbrennen. Der Cowboy trug eine Waffe, um zu überleben – nicht, um andere damit umzulegen.

Wie ich bald lernte, gab es unzählige Schusswaffen, die im Westen eingesetzt wurden und deren Namen fast jedem, ob er nun Cowboy ist oder nicht, geläufig sind. Henry .44 Rifle, Winchester .44 Karabiner, Winchester .44 Rifle, Winchester .44-40 Rifle, doppelläufige Remington 10-Gauge Shotgun, um nur ein paar ausgewählte, vielleicht die am weitesten verbreiteten, zu nennen.

Aus einem wunderbaren Buch über den Westernautor Louis L'Amour schloss ich, dass, wenn ich damals einer seiner Cowboys gewesen wäre, ich mich im Waffenladen vermutlich für die Henry .44 oder die Remington entschieden hätte. Der siebzig Zentimeter lange Doppellauf der Remington war beeindruckend und stellte – ohne dass man die Waffe abfeuern musste – gleich ein paar Dinge klar. Doch auf dem Pferd wäre sie unhandlich gewesen. Ich hätte gar nicht die Kraft, sie einhändig aus der Hülle zu ziehen, sie abzufeuern, ohne rücklings vom Pferd geschleudert zu werden, und dann wieder wegzustecken. Sicherlich war die Henry leichter zu handhaben und kompakter. Dieses erste praktische Unterhebel-Repetiergewehr konnte leicht im Sattel getragen werden. Sie hatte einen kürzeren Lauf, sechzig Zentimeter, und war selbst über eine 200-Meter-Distanz präzise. Die Henry war der Vorläufer der von Hollywood berühmt gemachten Winchester .44.

Doch die Winchester war im alten Westen mit vierzig Dollar für einen Rinderhüter viel zu teuer, und seine Leistung kam anfangs noch nicht an die des Vorderladers heran. Für eine Henry musste man um 1866 etwa zwanzig Dollar auf den Tisch legen. Als durchschnittlicher Cowboy mit einem Einkommen von allerhöchstens fünfzig Dollar pro Woche (und das nur, wenn man lesen und schreiben konnte) konnte man sich die Henry gerade noch so leisten. Eine Winchester dagegen konnte kaum einer bezahlen. Die Firma befestigte daher auch einen Ring am Gehäuse, so konnte man die Waffe am Sattel zusätzlich sichern – war ein Rinderhüter erst mal an dieses Gewehr gekommen, durfte er es um keinen Preis verlieren.

Wenn ich so in meine Cowboystudien vertieft war, während sich draußen in der feuchten Kälte schon wieder die Blätter färbten, wünschte ich, ich hätte eine Henry, ein Pferd und einen Job im Wilden Westen. Mir war, als sei ich ein Cowboy, der in ein falsches Leben hineingeboren worden war. In ein Leben, in dem er mit seinen Sehnsüchten völlig nutzlos war.

Mit solchen Gedanken löschte ich abends das Licht und ging zu Bett. Doch morgens, wenn ich wieder erwachte, wusste ich: Nun wird sich alles ändern. Wenn die Hufschmiedeschule mitmachte.

Ich vermisste Jack. Ich vermisste sein warmes Herz, seine ruhige, tiefe Stimme im Mondschein. Mir fehlte sein und mein Lachen, und mir fehlte die Liebe. Ein Monat war schon vergangen, seit wir uns am Flughafen verabschiedet hatten.

Jeden Tag ging ich zum Briefkasten und hoffte auf Post von der Cornell University, aber so schnell kam da natürlich nichts.

Fast täglich schrieb ich an Jack – oder wir telefonierten. Er erzählte mir Cowboygeschichten: »Ich habe mal gesehen, wie die schon morgens mit den Kälbern gerungen haben, um sie zu impfen – sechs, acht Mann. Einer von ihnen lag im Sand, weil er einen Tritt ans Kinn bekommen hatte, und ein anderer saß von Staub bedeckt zusammengefaltet am Zaun, hielt sich die Eingeweide und spuckte Blut. Mein Vater hat mir immer gesagt: ›Junge, wenn du Cowboy werden willst, gebe ich dir zwei Dinge auf den Weg: Halte dich von Kälbern fern, und wenn du siehst, dass die Pferde bockige Viecher sind, iss ein leichtes Frühstück, dann kommt dir nicht alles wieder hoch, wenn du abgeworfen wirst.‹«

Ich lernte von Jack, dass hinter einem Cowboy noch viel mehr Wissen und Charakter steckte als hinter einem Mann, der einfach nur nach Unabhängigkeit strebte. Jack zitierte den Singer-Songwriter Billy Joe Shaver: »*If at first you don't succeed, just try and try again. If all you do is lose you better find a way to win.*«

Darüber dachte ich lange nach. Ich glaubte nach all den Jahren, endlich einen Weg gefunden zu haben, wie ich den Kampf gegen Berlin gewinnen konnte. Natürlich nicht mit einer Henry Rifle, sondern allein mit der Realisierung meines Vorhabens. Es musste einfach klappen mit der Hufschmiedeschule. Ich fegte meinen Balkon und wartete.

Dann, eines Tages, öffnete ich die Klappen meines Briefkastens, und da war ein Umschlag mit einem roten Stempel der Universität drin. Ich musste mich setzen, streifte meine Handschuhe ab, riss den Umschlag auf – und fand darin den Zahlungsbeleg für die zwanzig Dollar Bearbeitungsgebühr, die ich für die Anmeldung hatte einschicken müssen. Sonst nichts.

»Mist«, dachte ich. »Die nehmen mich nie. Warum sollten die mich überhaupt nehmen? Warum mich?«

Tag für Tag stand ich morgens mit Kaffee auf dem Balkon und fröstelte. Ich hörte das Ächzen der Krähen in den Wipfeln der Bäume, musterte die nackte, etwas von Moos befallene Fassade des Hauses gegenüber, all diesen Stein und Beton, die schall- und wärmeisolierten Fenster, die Straßenlaternen, die vertrockneten Hortensien auf dem Balkon, den mit braunen Blüten übersäten Gehweg und dachte mir: »Ich muss hier weg, und es wird klappen.«

Ich buchte wieder einen Flug nach Boston, rief Jack an und sagte ihm, dass ich in vier Wochen noch mal nach Vermont kommen würde.

Er sagte: »Dann können wir gleich deine Werkzeuge besorgen.«

»Ach, woher weißt du, ob ich jemals angenommen werde. Die nehmen mich nie!«

»Die nehmen dich. Ganz bestimmt. Darf ich dich dann zum Kaffee in Woodstock einladen?«

Endlich hatte ich wieder eine Perspektive.

Der Oktober wurde immer kälter und regnerischer. Jeden Mittag guckte ich in den Briefkasten. Und eines Tages lag da wieder ein Brief mit rotem Stempel drin. Nun zitterten mir wirklich die Hände, denn ich wusste genau, darin war entweder die Zusage oder die Absage.

In der Küche tigerte ich noch eine Weile um den Brief herum, dann machte ich ihn auf und las sofort die zweite Zeile: *»We are pleased to inform you ...«* – ich riss die Arme hoch und schickte einen Dank gen Himmel. Dann atmete ich mehrmals tief durch.

Berlin, du bist raus aus meinem Leben, ich werde dich verlassen. Ich verlasse dich!

Da gab es eine Universität, die mich einen Beruf lernen ließ, mit dem ich mein Brot auf einer Ranch verdienen konnte; das war unglaublich befreiend. Ich würde etwas lernen, das mich für die Menschen nützlich machte!

Mittags rief ich Jack an, und er lachte. »Na, jetzt bleibt dir gar nichts anderes mehr übrig, als es zu schaffen.«

4. Teil

Der Aufbruch

I

Am 31. Oktober 2014 landete ich in Boston. Da mich eine Erkältung mit Fieber plagte, war ich mit starken Schmerzmitteln gereist, denn abgesagt hätte ich die Reise niemals.

Ich fuhr auf die Farm und lag erst mal einige Tage flach. Im Spiegel sah ich aus wie ein Gespenst. Doch ich konnte es nicht erwarten, zu genesen und Jack wiederzusehen, mit ihm zu lachen.

Obwohl ich hundeelend und bleich aussah – wenn ich an Jack dachte, wollte ich nie wieder in meinem Leben schwer und traurig werden. Es reichte, es war genug, und ich würde mir auch nicht mehr einreden lassen, dass ein Ziel oder ein Traum unerreichbar sei. Ich wollte körperlich arbeiten und mich nützlich machen.

Meine Wangen nicht mehr ganz so weiß, und gesund genug, um Jack unter die Augen zu treten, rief ich ihn nach fünf Tagen an, und wir verabredeten uns auf eine heiße Schokolade in Woodstock.

Er kam mir auf der Hauptstraße entgegen und strahlte übers ganze Gesicht. Als er mich in seine Arme nahm und ich mein Gesicht an seinen grauen Kapuzenpullover drückte, fühlte ich mich kerngesund und dankbar. Ein Hufschmied aus Georgia, der in Vermont lebte, liebte mich – unglaublich.

Es blieb nicht bei einer Schokolade. Wir gingen ein Bier trinken, und Jack sagte, Whiskey helfe *immer* bei der Genesung, und so trank ich auch einen Whiskey. Wir spielten Poolbillard – doch die meiste Zeit verbrachte ich damit, Jack gedankenverloren beim Kugelstoßen zuzusehen.

Die Jeans, das Hemd, seine Wärme und Ruhe und die

schlanke, starke Statur, ich verliebte mich minütlich immer wieder neu in ihn.

Eine Woche später, als bereits der erste Schnee gefallen war, packte ich meine Tasche auf der Farm und zog zu Jack nach Sharon, einem Ort zwanzig Meilen von der Farm entfernt. Es ergab sich irgendwie so, ich wollte nicht mehr alleine in dem großen Farmhaus wohnen. Bei Jack zu Hause machten wir Feuer im Holzofen, hackten das Holz, ich ging mit seinen Hunden spazieren, kochte Abendessen auf seinem alten Gasofen, auf dem nur drei von vier Brennern funktionierten, und ließ das Stadtleben dankbar zurück.

Eines Tages fragte mich Jack: »Wie konntest du eigentlich so lange an einem Ort leben, an dem du gar nicht leben wolltest? Das verstehe ich nicht.«

»Ich verstehe es auch nicht so richtig«, gestand ich. »Ich glaube, es muss der richtige Ort für eine gewisse Zeit in meinem Leben gewesen sein. Aber Berlin war nie mein Endziel.« Das Leben lässt uns genug Zeit, um weiterzuziehen, wenn es uns an einem Ort nicht passt. Wir sind keine Bäume, wir können und dürfen uns umsiedeln. In Montana hatte der alte Phil mal meine Leberflecken am Hals und meinen Armen betrachtet und gesagt: »Das ist das Zigeunerblut in dir.«

Ja, ich habe Zigeunerblut. Ich hatte schon immer das Bedürfnis gehabt, fortzuziehen, auf ein Pferd zu steigen und fortzureiten, im Auto nicht die Ausfahrt von der Autobahn zu nehmen, sondern einfach weiter geradeaus zu fahren, immer weiter und weiter.

Doch mit Jack vollzog sich eine Veränderung. Ich wollte aufhören, weiter und weiter zu ziehen. Ja, ich konnte mir gar nicht vorstellen, diesen Ort, dieses Land zu verlassen.

Zwar wusste ich, dass ich mit Jack, zwei Maultieren und einem Planwagen nach Westen ziehen könnte, aber wenn ich mit Jacks Hunden im Wald über den Vermonter Humusboden stapfte, war mir klar: Dies ist der Boden, auf dem ich anwachsen und leben wollte.

Hier konnte ich eine Heimat finden und etwas aufbauen, hier machte ich es richtig für mich – das war und ist der einzige Weg.

Als ich bei Jack einzog, kam ich in ein Haus, in dem ein Holzfeuerofen im Wohnzimmer stand, daneben lag gestapelt das Feuerholz. Die beiden riesigen Hunde lagen auf der Couch, eine Klimmzugstange klemmte im Türrahmen zur Küche, im Esszimmer stand kein Esstisch, sondern eine Gewichthebebank. Im Badezimmer fehlte die Deckenverkleidung, und die Isolierung und einige Kabel hingen herab. Bei der Toilette fehlte die Wandabdeckung, und das eine Fenster im Gästezimmer ließ sich mit einem Gummiband öffnen und schließen.

»Als ich dieses Haus kaufte, wusste ich, das wird ein hartes Stück Arbeit«, meinte Jack, als ich mich umsah.

Doch alles im Haus hatte seine (ungefähre) Ordnung, die Betten waren gemacht, das Badezimmer und der Herd geputzt. Ich staunte über Jacks Küchenausstattung und fand sogar ein Grapefruitmesser.

Eines Abends schnitt Jack Türschwellen zurecht, schliff sie und befestigte sie in den Übergängen zu Küche und Bad, wo sie fehlten. Ich schaute mit offenem Mund dabei zu, wie er mit genauen Handgriffen diese Arbeit ausführte. In meiner Welt war ich es gewohnt, dass man dafür einen Tischler beauftragte.

Jack demolierte gezielt ein eingebautes Möbelstück, das wir beide verabscheuten, er legte Fliesen im Bad, setzte die

Kühlschranktür um und erneuerte die Rohrleitungen unter dem Küchenwaschbecken. Jack war ein Tausendsassa, und das bewunderte und liebte ich an ihm.

Abends saßen wir auf dem Picknicktisch, tranken Whiskey und schauten ins Gras oder zu den Sternen. In Berlin hatte ich mich danach gesehnt, an jemandes Brust weinen zu können.

So schnell konnte sich das Leben wenden: Der Jemand saß dicht neben mir.

2

Mittlerweile wohnte ich schon einige Wochen bei Jack. Ich ging ausreiten und verabredete mich mit ihm auf ein Mittagessen in Woodstock.

Ich hatte mir gerade ein Stück Seife in der Apotheke besorgt, kam aus der Tür und sah ihn auf der anderen Straßenseite vor den Fenstern eines Restaurants stehen. Er kam über die Straße, und gemeinsam gingen wir zu seinem Truck. Er hatte hinter meinem Wagen geparkt. Als ich meine weiße Papiertüte auf den Beifahrersitz legte und die Autotür wieder zudrückte, schlug ich vor: »Lass uns beim Metzger ein Sandwich holen.«

Auf seine Antwort wartend, drehte ich mich nach ihm um. Jack sah mich an und sagte: »Heirate mich.«

Er trug seinen hellgrauen Kapuzenpulli und eine Mütze von mir, die ich ihm irgendwann mal geliehen hatte. Sein rötlicher Fünftagebart schimmerte, und die vollen Lippen lächelten mich an.

Ich sagte: »Ich werde dich heiraten.«

Mir war klar: Ohne Jack konnte mein Leben gar nicht mehr schöner werden. Die Kraft, seine Kraft, sie würde mir immer fehlen. Ich wollte nicht mehr ohne ihn sein, es war glasklar: Mit ihm wollte ich aufbrechen, mit ihm wollte ich etwas aufbauen, mit ihm wollte ich in die Steppen reiten und ums Überleben kämpfen.

Wir fuhren zu einer Brücke, überquerten den Fluss und parkten den Wagen am Wegrand. Wir klappten die Rückbank runter und liebten uns im Kofferraum.

Nach meiner Erfahrung mit der geplatzten Verlobung mit Patrick, die ich (als ich noch an die Beziehung geglaubt hatte) freudig im Bekannten- und Familienkreis verkündet hatte, wollte ich diesmal niemandem irgendetwas von unserem Vorhaben erzählen. Ich brauchte die Bestätigung anderer nicht, ich wusste und vertraute erstmals meinem eigenen Gefühl, dass Jack der Richtige war. Niemand auf dieser Erde sollte von unserem Glück erfahren.

Wir würden es einfach machen.

»Wir sind verrückt«, sagte Jack manchmal vor dem Einschlafen, und ich lächelte.

Es war ein regnerischer Montagmorgen, als wir im *Town Clerk Office* von Sharon anriefen, das uns die staatliche Heiratserlaubnis ausstellen musste.

»Wenn ihr morgen heiraten wollt, dann kommt die Formulare lieber gleich abholen«, sagte mir die Sekretärin, dabei klang ihre Stimme wie die einer sich sorgenden, guten Großmutter, »schließlich weiß ich nicht, wie lange ich noch zu leben habe.«

»Was hat sie gesagt?«, fragte Jack, als ich aufgelegt hatte und ihn überrascht ansah.

»Wollen wir morgen heiraten?«

»Klar.«

»Dann, meinte die Sekretärin, sollten wir uns die Heiratsurkunde heute abholen, da sie morgen vielleicht nicht mehr lebt.«

Jack lächelte. »Wer weiß, ob *wir* morgen noch leben.«

»Wo finden wir denn so schnell jemanden, der uns vermählt?«, fragte ich, da ich keine Ahnung hatte, wie man so was in Vermont vollzog.

»Oh, wir werden jemanden finden. Der Ort ist klein. Wir brauchen nur bei der Tankstelle zu fragen.«

Also ließen wir uns durch den einsetzenden Regen nicht abhalten und fuhren los. Gleich gegenüber der Kirche in Sharon lag das *Town Clerk Office*.

Dort empfing uns die Sekretärin, die sich mit dem Computersystem abmühte und dabei einige Telefonanrufe tätigen musste. Sie kam immer wieder zum Tresen, schaute uns ganz verträumt an und meinte: »Es ist Montagmorgen – und ihr wollt heiraten.«

Sie fragte, wer uns trauen würde, und wir sagten, dass wir uns dazu noch nicht umgehört hätten.

»Dann geht doch runter in die *Midway Station* – der Country Store im Ort –, dort wissen die Bescheid. Ich glaube, Jim, der ehemalige Eigentümer, ist ein *Justice of the Peace* und könnte es machen.«

Ich schaute zu Jack, und der schaute mich an. Heiraten im Country Store? Wir zuckten beide mit den Schultern. Die Vorstellung, im Country Store vermählt zu werden, fand ich großartig. Wir lachten. Jack und ich verließen das *Town Clerk Office* gegen Mittag.

»Weißt du was?«, fragte mich Jack, im Regen stehend.

»Was?«

»Ich bin gar nicht mehr nervös, und ich fühle mich auch gar nicht verrückt.«

»Ich auch nicht«, sagte ich. »Ich kann es kaum erwarten.«

Nachmittags fuhren wir nach West Lebanon in New Hampshire, der nächstgrößeren Einkaufsmöglichkeit in der Gegend, zum Ringekaufen. Dort gab es einen Juwelier, dessen Werbung hörte ich immer im Stall, wenn das Radio lief. *»Kay Jewelers: Like us on Facebook!«*

Der Verkäufer hinter dem polierten Glasschaukasten hatte schuppige Haut und rote, nicht abgedeckte Pickel im Gesicht. Seine Anzughose hatte schmierige Stellen an den Knien, und sein weißes Hemd die Größe XXL. Er zeigte uns die Auswahl Ringe. Ich konnte nicht fassen, dass ich mir hier Eheringe anschaute! Es war so schräg und so anders, ich musste über mich selbst schmunzeln. Anderswo bekam man beim Juwelier erst mal einen Espresso angeboten, den man dann mit einem Silberlöffel umrühren durfte. Ich stand hier mit braunen Arbeiterhosen, in einem Flanellhemd. Jack hatte schwarze Finger vom Schmieden, und er trug seine Carhartt-Jacke, die im Truck lebte.

»Wie findest du diesen da?« Wir schauten uns an. Dann lachten wir. Es war klar, dass wir beide etwas überfordert waren. Neben uns trat ein junges Pärchen. Er hatte kurzes, gegeltes Haar und Tattoos auf Armen und Handrücken. Sie hatte sehr blondes, langes Haar, mehrere Ohrenringe und Glitzersteinchen auf den Fingernägeln.

»Die heiraten auch«, dachte ich.

Jack und ich beschlossen zu gehen. Nicht wegen des Pärchens oder wegen des Verkäufers, sondern weil alle Ringe *Made in China* waren und wir einfach keinen fanden, der uns gefiel.

Der andere Juwelier in West Lebanon – es gab zwei –

war verbunden mit einem italienischen Restaurant namens *Luis Luis*. Hier gab es immerhin Verkäuferinnen, die sich mit ihrer Garderobe Mühe gaben, und sie waren selbst noch so kurz vor Ladenschluss sehr freundlich. Die Auswahl hier war größer, und wir fanden sofort einen Ring, der uns gefiel. Die Verkäuferin verpackte die Ringe in Schachteln und übergab uns die Tüte. Nun konnte ich es wirklich kaum mehr erwarten.

3

Am Morgen unseres Hochzeitstages fuhr Jack zu seinen Pferden. Und ich? Ich fuhr nach Woodstock und überlegte, was man denn an dem Tag seiner Hochzeit tat. Ein Kleid kaufen? Ja, ich sollte mir wahrscheinlich schon was Hübsches zum Anziehen besorgen. Jack hatte gesagt, er würde einen Anzug und Krawatte tragen. Also streifte ich in der Umkleidekabine eines Bekleidungsgeschäftes an der Hauptstraße von Woodstock meine Muck Boots ab, schälte mich aus meinen Segeltuchhosen, meinem von Jack geliehenen Baumwollhemd und probierte ein Kleid an. Es war schlicht, grau, knielang, hatte aber lange Ärmel und konnte unkompliziert mit Cowboyboots getragen werden. Ich fand Glitzerstrumpfhosen und nahm die dazu – Glitzer auf dem Hochzeitsfoto konnte nicht schaden. Innerlich sprühte ich: »Heute ist mein Hochzeitstag, und niemand weiß es.« Ich muss geleuchtet haben. In diesen Stunden hätte die Welt untergehen können, und ich hätte immer noch geleuchtet. Vielleicht hätte ich auch nach Jack geschrien.

Ich fuhr, zum Radio singend, wieder zurück nach Sharon. Mit der Melodie der Musik schien sich die Straße zu winden; um die Kurve, den Berg hoch oder den Berg wieder hinunter. Da war kein Auto vor mir, kein Auto hinter mir, da waren keine Ampeln, die mich aufhielten, keine Fußgänger, die mich zwangen, langsamer zu fahren. Die Mittagssonne schien mild und kalt auf die brache Erde. Die Lärchen in den Hängen leuchteten gelb wie Feuersäulen inmitten der kahl gewordenen Laubbäume. Falken zogen über den Äckern ihre Kreise, mein Herz fühlte sich so leicht und jung an wie noch nie zuvor in meinem ganzen Leben.

Zu Hause begrüßte ich die Hunde, lief ins Haus, riss mir die Kleider vom Leib und sprang unter die Dusche. Nun begann mein leichtes Herz zu klopfen. Ich zog das Kleid an, und da mir fröstelte und draußen einzelne Schneeflocken fielen, tauschte ich den Pulli, den ich über das Kleid ziehen wollte, mehrmals aus und sah immer wieder im Spiegel nach, ob meine Haare richtig saßen. Gerade hatte ich die Kaffeemaschine eingeschaltet, da kam Jack.

Er roch noch nach Hufhorn, als er mich in den Arm nahm. Er flüsterte in mein Ohr, und dann ging auch er duschen. Ich tigerte die ganze Weile im Haus herum. Hunger hatte ich – und ich hatte das »Hier-und-jetzt-Gefühl«: Ich fühlte mich in meiner Haut und in genau diesem Augenblick absolut wohl. Ich befand mich mitten in meinem Leben; alles war so, wie es immer hatte sein sollen.

Jack kam in Anzug und Krawatte aus dem Schlafzimmer. Bei seinem Anblick stockte mir kurz der Atem.

Wir stiegen in den Truck und fuhren zu Jim. Das Haus des Friedensrichters stand direkt hinter dem Country Store ganz oben auf einem Hügel.

Mein Herz schlug so heftig, dass ich dachte, ich würde gleich ohnmächtig. Ein kalter Wind wehte und trieb mir die Tränen in die Augen. Jim kam in einer schwarzen Lederjacke, Cargohosen und festen Schuhen aus der Haustür. Er war früher, das hatte mir Jack im Auto erzählt, NASCAR-Mechaniker gewesen und hatte auf der Autorennbahn gelebt. Jim trug eine getönte Brille und weißen Schnauzer. Unter seinem Arm klemmte eine Ledermappe. Er reichte uns die Hand, und wir gaben ihm die von uns ausgefüllten Dokumente.

»Wo immer ihr wollt«, sagte er mit einer Handbewegung, die uns seinen ganzen Garten zur Verfügung stellte.

Ich sah mich um. Unter uns lagen die winterlich grauen Hügel Vermonts, hingen die Überlandleitungen an den Holzpfählen, ragten die wenigen geschindelten Hausdächer und roten Silos hervor. Wir hörten das Rauschen des Highways, des Windes – er zog an meinem Kleid. Ich schloss den Reißverschluss meiner Jacke und hielt Jacks Hand fest in meiner. Wir stellten uns auf eine Erhebung im Garten, wo eine große, flache Steinplatte von Gras überwachsen war, nahmen unsere Ringe, und dann schlug Jim seine Mappe auf und las den Text vor, den er für uns geschrieben hatte. *Vertraue auf deinen Partner und bitte ihn um Hilfe, wenn du sie brauchst.* Nun war es nicht mehr nur der Wind, der mir die Tränen in die Augen trieb. Ich dachte: »Es kann nicht wahr sein.«

4

»Und jetzt?«, fragte Jack, wir standen noch mit Jim im Garten. Ich begutachtete den Ring an meinem Finger, und mir war, als sei er schon immer da gewesen, bisher unsichtbar.

»Essen«, sagte ich, und Jack stieß einen Jubelschrei aus. Wir verabschiedeten uns von Jim. Er nahm mich in den Arm.

Wir fuhren auf der Uferstraße fünfzehn Minuten nach South Royalton, ein kleines Studenten-Städtchen mit Park, Bars und Restaurants am Ufer des White River.

Als ich aus dem Truck stieg, muss ich etwas gezittert haben; vielleicht auch vor Kälte. Jack öffnete mir die Tür zum Diner *Central*. Blaue und gelbe Fliesen lagen im Schachbrettmuster auf dem Boden, Stühle mit chromglänzenden Rahmen und Jeansstoff bezogenen Sitzflächen standen an Tischen. Leuchtstofflampen hingen von den Decken, und es roch nach Kaffee und warmem Essen. Am Kühlschrank hinter dem Bartresen hingen Sticker und Post-its, auf einem davon stand: *Stop Global Whining (Stoppt globales Jammern)*. Eine rundliche Frau im grauen Pullover, mit zusammengebundenen, blonden Haaren und pinken Fingernägeln begrüßte uns mit einem »Hallo, setzt euch!«. Und so setzten wir uns in eine Ecke und schauten auf die weiße Tafel, auf der in unterschiedlichen Farben die Lunch Specials standen:

Cup of Soup and a Grilled Cheese Sandwich
Ham and Swiss Panini on Italian Bread
Honey Mustard Reuben Melt with FF
Smoked Turkey on a Ciabatta with Bacon,

Tomato, Swiss Lettuce
Tuna Avocado Melt on Rye Bread
...

An der Bar saß ein langhaariger, älterer Mann, der aussah wie ein Waldarbeiter; jedenfalls trug er das typische rot-schwarz-karierte Holzfällerhemd.

Zwei Frauen saßen an einem anderen Tisch, sonst war hier niemand. Wir bestellten.

Es war mein Hochzeitstag, und ich saß mit meinem Mann in einem amerikanischen Diner und wartete auf mein Sandwich.

Wir bezahlten mit einer 20-Dollar-Note, und ich steckte den Beleg als Erinnerung ein. *Thank You – Please Come Again* stand darauf.

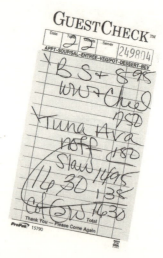

Nach dem Essen fuhren wir nach Hause. Ich zog mein Kleid aus und meine Hosen wieder an, Pulli, Schal, Mütze, Handschuhe, Jacke.

Wie es am Abend weitergehen sollte, stand noch offen. Schließlich wusste ja keiner, dass wir geheiratet hatten, also war da auch niemand, der an diesem Dienstagabend auf eine Party gefasst war. Wir beschlossen, als Ehepaar auszugehen.

»Wir müssen mindestens ein Bier und einen Whiskey darauf trinken«, sagte ich.

Ja. Darin waren wir uns einig.

Am Abend schlüpfte ich wieder in meine Glitzerstrumpfhosen, Jack zog seinen Anzug wieder an, und Arm in Arm gingen wir hinaus in die Billionen-Sterne-Nacht. Im Truck war es eiskalt, als wir zum *Woodstock Inn* fuhren. Ich hielt Jacks Hand so fest ich konnte.

»Wie fühlst du dich?«, fragte er mich.

»Großartig.«

»Ich fühle mich auch großartig.«

Der kahlköpfige Barmann fragte, was wir wünschten. Im gelben Schummerlicht tranken wir Johnny Walker Blue auf uns, und ich, die ich ja nicht fahren musste, trank ein Bier dazu. Ich glaube, ich fühlte mich schon ein bisschen verheiratet, als ich merkte, dass um uns herum lauter Ehepaare und Familien saßen, die hier im *Woodstock Inn* eingekehrt waren.

Als es uns zu steif wurde, beschlossen wir zu gehen.

»Wohin?«

»Möchtest du eine Runde Pool spielen?«, fragte Jack.

»Na klar.«

»Ich kenne da eine Absacker-Bar in South Royalton.«

»Es ist erst halb acht!«

Wir lachten.

»Okay. Nichts wie hin, wir tun einfach so, als sei es schon vier Uhr morgens.«

Tatsächlich befanden sich in der Bar nur zwei Personen. Niemand spielte Billard, keiner saß an den Tischen, ich konnte die Dielen von rechts nach links einmal durchzählen, so leer war es. Der eine Mensch stand hinter der Bar, der zweite Mensch saß davor, jeder hatte jeweils ein Glas vor sich. In der Mitte des Tresens lag ein Kartendeck. Leise erklang alte Countrymusik.

»Was geht ab?«, fragte der Trinkende, der nicht älter als wir sein konnte. Er trug eine Schlappmütze, sein Rauschebart wuchs rund und groß.

»Wir haben geheiratet!«, rief Jack. Die Spielkarten flogen in alle Richtungen.

»Tatsächlich!«, antwortete der Bärtige überrascht. Er stand vom Stuhl auf. »Ich hatte gerade selbst das Vergnügen, einen Antrag auszusprechen.« Dann zögerte er und fügte etwas leiser hinzu: »Aber ich habe eine Niederlage erlitten und daraufhin beschlossen, Ziegenhüter zu werden.« Sofort bot er uns an, Fotos von uns zu machen, und natürlich nahmen wir dankend an. Der Ziegenhüter gab sich große Mühe, Jack und ich tanzten, und ich lachte Tränen, als der Ziegenhüter begann, zu Dolly Partons *Nine to Five* zu singen.

Wir bestellten Bier und Süßkartoffelfritten und zogen uns in den leeren Billardraum zurück.

Waylon Jennings, Johnny Paycheck und George Strait sangen nur für Jack und mich, ebenso wie der von mir geliebte George Jones, während Jack mit der weißen Kugel die Dreiecksformation zum Platzen brachte. Wir spielten, tanzten langsam zur Musik und aßen Fritten, bis die schwarze Kugel im Loch versank.

»Lass uns gehen«, schlug Jack schließlich vor. Die Nacht war noch so lang; draußen lag breit die Milchstraße im

Himmel. Eine Träne rann meine Wange hinunter und lief in mein Ohr, als ich den Kopf in den Nacken legte. Eiseskälte kroch in meine Nasenflügel, meine Wangen glühten vom Alkohol und vom Glück. Der Motor gluckerte, und brummend rauschten wir über die Landstraße am White River entlang nach Sharon zurück.

Ich öffnete das Schiebedach, stellte mich auf den Sitz, schluckte erst einige Minusgrade, und dann schrie ich mit weit ausgebreiteten Armen und aus vollem Hals in die Nacht hinaus. Ich verfolgte die Windungen der gelben Doppellinie auf dem Asphalt, dann lehnte ich mich aufs Autodach zurück und ließ mir vom Wind die Haare zerzausen.

5

Die ersten Tage unserer Ehe waren ganz normal und unaufregend. Jack war bei der Arbeit, und ich machte mir Gedanken, wie wir die letzten Monate vor Beginn der Hufschmiedeschule am dritten Januar gestalten könnten. Ich war nun verheiratet und hielt mich nicht mehr als Tourist in den USA auf, doch ich konnte auch nicht über mein neunzigtägiges Besuchervisum hinaus einfach in Amerika bleiben.

Die Anträge für eine *Legal Permanent Residence* bei der Einwanderungsbehörde einzureichen und eine Antwort zu erhalten und damit meinen Aufenthaltsstatus zu ändern, das konnte Monate dauern. Visumsbetrug mit meinem Besuchervisum wiederum konnte fatale Folgen haben, und mir war klar, dass ich zurück nach Deutschland musste, um legal das M1-Studentenvisum für Cornell bei der Botschaft in Berlin zu beantragen. Natürlich hatte ich auch nach wie vor meinen offiziellen Wohnsitz in Deutschland, und alle meine Dokumente und die Post der Uni kamen dort im Briefkasten an.

Jack und ich nahmen uns noch die Zeit, nach New Hampshire zu Meader Supply, einem Spezialgeschäft für Hufschmiedebedarf, zu fahren, da ich in die Schule mein eigenes Werkzeug mitbringen musste. Jack bestellte dort immer seine Eisen, Nägel, Pads, Silikone und Werkzeuge per Telefon, doch wir beschlossen, die zwei Stunden Fahrt auf uns zu nehmen und mich grundauszustatten.

»Den Hammer kann ich ja kaum heben!«, gestand ich Jack, als wir in der Halle vor einer Wand, behängt mit Schmiedehammern, standen.

»Ach, am Anfang tut es vielleicht ein bisschen weh, aber du wirst dich dran gewöhnen müssen. Das ist schon der richtige. Und wenn du dickeren Stahl hämmerst, nimmst du diesen Hammer.«

Ich wog beide Hammer von *Flatland Forge* in meiner Hand. Der leichtere von beiden hatte einen silbrigen Kopf mit einer abgerundeten und einer flachen Schlagseite, er war an einem hellen Holzgriff befestigt.

»Den Griff können wir noch abschleifen und kürzen, der ist zu lang für dich – aber das ist kein Problem«, sagte Jack.

Ich seufzte, noch hatte ich keine Ahnung, wie ich die Hammer-Sprache jemals würde verstehen können, aber allein die Aussicht auf meinen Unterricht darin ließ mein Herz höherschlagen.

»Mach dir keinen Kopf, ich habe genauso angefangen wie du. Du schaffst das, ich weiß es.«

Ich legte beide Hämmer in meinen Einkaufswagen, und wir gingen weiter. Jack suchte mir die Zangen und die Raspeln, die Messer und die Schmiedewerkzeuge aus und erklärte mir alles. Ich verstand nur die Hälfte und nickte nur immerzu. In meinen Augen waren die Werkzeuge einfach schön anzuschauen, und sie gaben mir ein richtig gutes Gefühl.

»Okay, und was mache ich *damit?*«, fragte ich, als Jack einen länglichen, runden Eisenstab mit spitz zulaufendem Ende und einem winzig kleinen, fast quadratischen Kopf in den Wagen legte.

»Löcher für *City-Head*-Nägel in deine Hufeisen stampfen.«

»Und damit?«

»Das ist der *Center Punch*.«

Ich hatte keine Ahnung, wovon Jack sprach, doch ich sah in unseren Einkaufswagen, und ein großes Gefühl der Vorfreude überkam mich. Ich schnallte mir im Laden ein paar Arbeitschaps um, bis ich die richtigen fand, besorgte mir dort endlich ordentliche, steife Arbeitshosen aus dicker Baumwolle, karierte Arbeitshemden und Stiefel mit Stahlkappen. Das Schönste daran war, es nicht aus Spaß zu tun, sondern weil ich die Sachen wirklich für das Hufschmieden brauchen würde.

Mitte Dezember reiste ich zurück nach Deutschland. In Berlin musste ich mich online für einen Notfall-Termin bei der Botschaft registrieren, da mir die Zeit bis zum Schulbeginn am 3. Januar davonrannte. Einen Tag vor Weihnachten stand ich schließlich in der Menschenschlange an der Clayallee vor der amerikanischen Botschaft. Am Schalter gab ich meinen Pass ab, legte die Dokumente vor, die alle Teil einer Formularflut auf der Homepage des *Department of Homeland Security* waren, und verließ die Botschaft wieder. Der Entschluss, den Auswanderungsprozess in Gang zu setzen, ist schnell gefasst, doch die Ausführung eines solchen Plans ist so zäh, so zeitaufwendig, dass einem mehr als genug Zeit bleibt, um sich seiner Sache ganz sicher zu werden.

Ich war mir meiner Sache sicher. Das Gefühl, mich endlich von meinen Ketten befreit zu haben, und die Aussicht auf eine bessere Zukunft mit Jack hätten mir die Kraft gegeben, von Vermont zu Fuß nach Europa und wieder zurück zu gehen.

Neben dem Visum musste ich mich auch um eine Unterkunft in der Umgebung von Ithaca, New York, kümmern, mir ein Fahrzeug für vor Ort organisieren und natürlich viel warme, lange Unterwäsche und Winterkleidung einpacken, die ich brauchen würde, um vier kalte Monate in der Hufschmiedeschule zu überstehen.

6

Am 3. Januar fiel ich Jack am Bostoner Flughafen in die Arme. Vom Himmel fiel nasser Schnee, und es war stockfinster in Boston. Eisiger Wind wehte, als wir ein Hotel in der Innenstadt betraten. Drinnen in der mit Teppich ausgelegten Lobby brannten noch die Lichter in der grün-roten Weihnachtsdekoration, es roch nach Zimt. Eine Nacht wollten wir hier schlafen, um am nächsten Tag die sechs Stunden mit dem Auto nach Ithaca, nordwestlich von hier, zu fahren. Wir machten Weihnachtsbescherung auf dem Hotelzimmer, und dann sank ich zwischen den Kissen in einen tiefen Schlaf.

Wir frühstückten mit Blick in eine Bostoner Einkaufsstraße, setzten uns dann ins Auto und verließen die Stadt gen Westen. Da ich keine Vorstellung davon hatte, wo Ithaca eigentlich lag, hatte ich auch keine Erwartungen. Doch selbst die Erwartung, die ich nicht hatte, wurde bei der Autofahrt enttäuscht. Die Landschaft um uns herum war brach und nackt, ausdruckslos kalt. Sie stand kurz davor, von einer monatelang anhaltenden Frost- und Schneeschicht bedeckt zu werden. Nach vier Stunden Fahrt bekam ich das Gefühl, statt in den USA in Sibirien zu sein. Wir hielten einmal mit zahlreichen Truckern, die Güter von *Walmart* und *Price Chopper* über Land transportierten, an einer Tankstelle und holten uns einen Snack, dann fuhren wir weiter. Seitlich des Highways ragten manchmal Felswände empor, kamen wir ins Flachland, fuhren wir durch undefinierbare Anbauflächen an verlassen aussehenden Farmen vorbei. Einige Vögel hielten sich auf den Elektroleitungen auf, Viehbestand entdeckte ich nur hier und da.

Man muss sich also Ithaca als einen Ort am Ende der Zivilisation, in der Mitte eines Brachfeldes und am Ufer eines Gletschersees vorstellen.

Ithaca muss schon zur Gründerzeit der Universität so unwirtlich gewesen sein, dass Herr Cornell, der hier die nach ihm benannte Hochschule gegründet hat, der Überlieferung nach gesagt haben soll, er wolle eine Universität gründen, auf der jeder alles studieren könne, was er wünsche. Da er aber befürchten müsse, dass man ihm dann die Bude einrennen würde, müsse er sie in Ithaca – wo keiner leben wollte – errichten. Und so tat er es.

Ich hatte mir eine Hütte gemietet, die 25 Minuten von der Universität entfernt lag. Der Ort, in dem sie lag, hatte eine Bäckerei und eine Tankstelle, eine Pizzeria und einen Waschsalon.

Ich hängte meine wenigen Klamotten in den Schrank, während Jack auf dem Bett lag und mir zusah.

Am Abend fuhren wir in die Innenstadt von Ithaca. Wir aßen in einem winzig kleinen koreanischen Restaurant und zogen von dort weiter in eine Bar. Jack spielte Pool mit ein paar Kolumbianern, und dabei sah nun wiederum ich ihm zu. Wir tranken Whiskey, und in den frostweißen Morgenstunden fuhr ich meinen mich in romantische Verse kleidenden, betrunkenen Ehemann zurück zu meiner Hütte.

Ich konnte nicht recht glauben, dass ich wirklich beschlossen hatte, hier vier Monate lang jeden Tag in die Schule zu gehen.

Jack würde nach Vermont fahren, und ich würde alleine in der russischen Tundra zurückbleiben.

Mit gemischten Gefühlen schlief ich in jener Nacht ein, denn ich wusste überhaupt nicht, was auf mich zukommen würde.

7

Am Montag, meinem ersten Schultag, quälte ich mich völlig übermüdet um sechs Uhr aus dem Bett. Jack war auch leicht angeschlagen, aber ich machte Kaffee, und die heiße dunkle Brühe half uns, den Kater zu überwinden. Der Himmel war, als wir zur Uni fuhren, leicht verhangen, die Frontscheibe des Trucks vom Frost beschlagen. Vor uns an der ersten Ampel stand ein Pick-up-Truck mit orangen Warnlichtern auf dem Dach. Auf der Ladefläche standen zwei Leitkegel, und die acht Beine zweier von Autos angefahrener und getöteter Hirsche ragten heraus.

»Oh, Mann«, sagte ich »*Roadkill* zum Frühstück.«

Der Parkplatz vor dem Tierklinik-Komplex war so groß wie mindestens fünf aneinandergereihte Footballfelder, am blassrosa Horizont ragte ein Schornstein auf, aus dem weißer Rauch stieg.

Als wir von dort zum Hufschmiedegebäude gingen, hatte ich schon so eine Ahnung, dass ich mich nicht richtig angezogen hatte, ich fror bitterlich. Egal; nichts würde mich abhalten.

»Das ist ein besonderer Moment für mich«, sagte ich, als mir Jack einen Flügel der roten Eisentür zur Schmiede öffnete.

Mir schien wirklich, als hätte ich mein Lebtag auf diesen Moment hingearbeitet.

Doch die Romantik des Momentes platzte sogleich, als ich die große, nach alten Pferdeäpfeln, Pisse, Eisen und Kaffee riechende Werkstatt betrat. Der quadratische Kubus war ganz aus Beton gebaut, die hohen Wände innen mit Fliesen oder Ziegeln gekachelt, der Boden mit Beton gegossen, und oben unterm mit Eisengestänge gestützten Dach hatte man eine Reihe verdrahteter Fenster eingebaut. Dort oben hingen auch die Heißluftgebläse, die den Raum heizten, wenn die Gasöfen nicht brannten. Große Neonlichtkegel summten. Links entlang der Wand befanden sich in einer Reihe fünf Gasöfen mit jeweils einem Amboss davor. Das waren unsere Arbeitsplätze. Frühere Schüler hatten einige selbstgeschmiedete Eisen an der Wand aufgestellt. Im hinteren Teil der Halle, gegenüber der Ambosse, waren drei mit Heu gefüllte Netze an der Wand angebracht, der Bereich mit Gummimatten ausgelegt. Hier kamen Pferde aus der Umgebung her, um einen speziellen orthopädischen oder einen relativ normalen Hufbeschlag zu bekommen.

Im vorderen Teil, wo sich auch die Eingangstüren befanden, lag die Werkstatt. Ich sah mich voller Erstaunen um: Bohrmaschinen, Schweißapparate, Industriestaubsauger, Metallsägen, lauter meterlange Eisenstangen, Schubladen, anschauliche Poster zur Anatomie des Hufs, Schaukästen mit über hundert Jahre alten, handgeschmiedeten Eisen, Fotos von Hufschmieden, die hier über die Jahrzehnte unterrichtet hatten. Rechts an der Wand hatte man Eisenstangen angebracht, um Dutzende unterschiedliche Hufeisen aufzuhängen. Die Endstücke der Stangen hatte jemand zu Pferde- und Kuhköpfen geschmiedet. Aus alten Raspeln wiederum waren Schlangen geschmiedet worden, sie hingen ebenfalls an der Wand und dienten als Haken für Elektrokabel.

All das stand herum, lag auf langen Eisenmöbeln, die mit Schubladen versehen waren, hing an den Wänden oder stapelte sich in den Ecken.

Hufschmied lernte man nicht im Hörsaal oder in einem

Klassenzimmer mit Whiteboard und Tageslichtprojektor, sondern in einer richtigen Schmiede mit Werkstatt und Arbeitsbereich, so viel war mir auf den ersten Blick klar.

Allgemein wurde unsere Werkstatt »Farrier Shop« genannt. Der Bau war zwar Teil des ganzen Komplexes der Tierklinik, doch das eigentliche Gebäude der Klinik lag ein paar Meter über einen Zuliefererparkplatz entfernt, in einem riesigen Flachdachkomplex.

Als Jack und ich kamen, sahen wir, dass zwei der vier geplanten Lehrlinge sich bereits an ihren Ambossen eingerichtet hatten.

Brent, ein dickleibiger achtzehnjähriger Teenager aus dem Nachbarort Watkins Glen, guckte auf sein Mobiltelefon, das er an ein rosarotes Ladekabel gehängt hatte, in den Händen hielt er eine Styroporpackung Chicken Wings und eine Flasche Cola. Ich stellte mich vor.

Neben Brent hatte sich Eli am Amboss eingerichtet, ein kleiner, ausgedienter Jockey. Er kam aus Kanada und war keine dreißig Jahre alt, schaute ebenfalls in den Bildschirm seines Telefons und tippte mit beiden Zeigefingern eine Textnachricht. Ich nickte ihm zu.

Jack empfahl mir den Amboss neben jenem von Brent. Es war ein Amboss der Firma Scott. Ich holte mein Werkzeug aus dem Truck und richtete mich in meiner Ecke ein. Dann kam der vierte Lehrling, Gery. Er hatte beide Hände tief in die Taschen einer zu kurzen grün-schwarzen Regenjacke gesteckt, einen grauen Wollschal um Mund und Nase gewickelt und die Schultern bis an die Ohren hochgezogen. Er war der Älteste von uns, ich schätzte ihn auf vierzig Jahre. Oh, und er trug einen braunen Filzcowboyhut!

Ich sagte: »*Nice hat*«, und er antwortete: »Es ist ein *original* Cowboyhut, den habe ich in Wyoming gekauft.«

Gery war mit dem Auto aus New Orleans hierhergefahren, wirkte trotz des Hutes nicht wie ein Cowboy, und er fror.

Als Letzter kam Edward Dutch durch die Tür.

Edward Dutch, der siebzigjährige, kahlköpfige, kurze Mann, sollte vier Monate lang unser Lehrer sein, und von dem Moment an, als er durch die Tür trat, bis um fünf Uhr nachmittags wollte er nicht aufhören, von sich und seiner unfassbar erfolgreichen Karriere als Hufschmied und Polospieler zu erzählen.

An diesem ersten Morgen saß ich fröstelnd und eingehüllt in einen dicken Mantel auf einem unbequemen Stuhl mit ausgefransten Lederpolstern. Wir hatten einen Halbkreis gebildet, starrten auf eine Wandtafel, an die vor Jahren mit Kreide eine Liste verschiedener Hufeisen und Beschlagsmodifikationen geschrieben worden war, und hörten Edward zu.

Zwischendurch musterte ich die Falten seiner khakifarbenen Arbeitshosen, seine schmalen, trockenen Lippen. Die Müdigkeit – sie lag in seiner Haltung, seinen kleinen blauen Augen und dem Lachen, mit dem er manchmal seine Empörung über die Pferdewelt unterlegte.

Auch die Jungs und selbst Jack saßen da und hörten zu, eine Stunde lang, zwei Stunden lang, drei Stunden lang. Brent, die Beine weit von sich gestreckt, die Hände hinterm Kopf verschränkt, den nackten, dicken Bauch hervorgewölbt, nickte ab und zu ein, Eli sagte zwischendurch immer mal »*Yep*« und tippte auf seinem Telefon rum, Gery blätterte parallel in Fachliteratur.

Wir müssen schon einige Stunden dagesessen haben,

als Edward beschloss: »Jetzt zeige ich euch den Pausenraum.«

Wir standen alle auf. An der Toilette vorbei führte eine Stahltüre in einen schmalen Gang, der die Verbindung zwischen Farrier Shop und Laufband-Untersuchungslabor war. Links hinter der Tür stand gleich Eds überhäufter Schreibtisch und rechts eine riesige Industrie-Gefrierbox mit einem Eisenständer obendrauf, da anscheinend der Deckel nicht mehr richtig schloss.

Ed legte seine Hand auf der Gefrierbox ab und erklärte: »An die Kadaverfüße könnt ihr dann eure ersten Eisen nageln. Wir bekommen die regelmäßig von der Klinik zur Verfügung gestellt. Denkt daran, sie am Abend vorher rauszunehmen, damit sie auftauen können. Und lasst sie nicht länger als einen Tag draußen, da sie anfangen zu stinken.«

Ich verstand erst gar nicht so recht, was Ed damit meinte; Kadaverfüße? Doch Brent hob in seiner Neugier den Eisenständer runter und öffnete den Deckel. So was hatte ich noch nie gesehen: eine ganze Kiste voller abgeschnittener Pferdebeine.

Gery rief: »*Holy crap!*«

Und Brent lachte darüber.

Der Pausenraum war ein fensterloses, dreckiges Kabuff. Ed öffnete die Tür einer schwarzen Mikrowelle, deren Scheibe ganz gelb war, ein Geruch von Curry-Linsen stieg in meine Nase: »Hier könnt ihr euch etwas zu essen warm machen, und dort ist auch ein Kühlschrank.« Das war nichts für mich.

In einem Bücherregal lagen alte Bücher und Pferdeknochen, in der einen Ecke hatte man ein Pferdebeinskelett hingestellt. Hefte lagen herum, und an der Wand stand ein alter Fernseher auf einem fahrbaren Gestell und darunter ein verstaubter Videorekorder.

»Ich werde euch in den nächsten Tagen einen sehr guten Film von Roy Bloom über die Eigenschaften von Stahl zeigen. Den zeige ich all meinen Studenten«, sagte Edward.

»Das musste ein sehr alter Film sein«, dachte ich.

Vor dem Mittagessen sollten wir noch unsere Parkscheine beantragen, damit wir auf dem Universitätsgelände parken durften.

Für mich – als ausländische Studentin – gab es noch Papiere zu meinem Visum auszufüllen, die belegten, dass ich mein Hufschmiedeprogramm auch tatsächlich begonnen hatte. Für den Nachweis meiner gültigen Krankenversicherung und meiner Tetanus-Impfung benötigte die Uni ebenfalls noch Unterschriften. Als der ganze Papierkram erledigt war, aßen Jack und ich gemeinsam in der Kantine, die im Hauptgebäude der Tierklinik im Untergeschoss lag, zu Mittag.

Es war seltsam, dort all die Medizinstudenten zu sehen, die so viel jünger waren als ich. Sie trugen Bücher mit sich herum, nippten an Wasserflaschen, fanden sich in Gruppen zusammen und sahen in meinen Augen irgendwie unschuldig aus.

Mir wurde bewusst, wie fremd mir das Unileben war, dass ich es selbst nie gelebt hatte und dass die Frauen und Männer in meinem Alter hinter der Kasse oder dem Tresen standen, um zu kochen oder zu kassieren – aber nicht, um hier zu studieren. In meinem Leben war die Phase »Student« nicht existent. Sie in der Kantine förmlich vor Augen zu sehen gab mir das Gefühl, sehr lange mutterseelenallein auf einer Wanderung gewesen zu sein und in der Zeit wer weiß wie viel verpasst zu haben.

Wir aßen warme Tacos mit Salat, nahmen uns einen Kaffee mit und gingen zurück zum Shop. Jack beschloss, sich noch bis zum Ende des Tages etwas in der Klinik herumzutreiben. Am Nachmittag setzte sich Edwards Gerede fort. Ich muss zugeben, dass ich etwas verzweifelt war. Ich hatte gedacht, wir würden gleich die Öfen anfeuern und von morgens bis abends schmieden, aber Edward hatte ganz andere Pläne – jedenfalls an diesem ersten Tag.

Jack und ich verließen den Shop, als es dunkelte. Ich war total enttäuscht: »Wenn das so weitergeht, wird das nie was mit dem Pferdebeschlagen!«, seufzte ich.

»Nur ruhig. Edward redet ein bisschen viel, aber so kann er ja nun nicht vier Monate weitermachen. Es wird schon.«

Natürlich hatte ich auch an diesem Abend etwas Angst vor meiner Courage, Jack würde morgen früh abreisen, und ich würde fortan allein mit Edward klarkommen müssen. Aber auch wenn er viel banales Zeug redete – Ed war mein Lehrer, und von ihm wollte ich den Hufbeschlag lernen.

Jack und ich aßen in Ithaca zu Abend und gingen früh zu Bett.

Am nächsten Morgen war es noch dunkel, als wir aufstanden. Es stürmte. Der Wind heulte um die Hütte herum, und durch die Fenster in der Küche drang eisige Kälte, als ich Kaffee machte. Selbst am zweiten Schultag war ich noch etwas aufgeregt.

Nach dem Frühstück verabschiedete ich mich schweren Herzens von Jack.

»Was man wirklich will, das schafft man auch. Du schaffst das«, sagte er, als wir schon draußen vor der Hütte standen.

»Hm«, sagte ich leise und versuchte, mir dessen sicher zu sein.

Wir nahmen uns in den Arm.

Jack sah mich noch mal an und nahm dabei meine Wangen zwischen seine Hände: »Du wirst dein erstes Eisen schon schmieden«, bekräftigte er.

»Okay.« Ich schmunzelte.

Jack stieg in seinen Pick-up-Truck, bog auf die Straße, und ich blieb einen Augenblick allein in der Kälte zurück. Als ich mit dem Auto zur Uni fuhr, zeigte mein Thermometer minus vierzehn Grad Fahrenheit an.

8

Im Laufe der Zeit lernte ich, dass Ed an manchen Tagen gut von acht Uhr morgens bis nachmittags um halb fünf, mit einer Stunde Mittagspause, ohne Unterbrechung reden konnte. Er wusste zwar auch sehr viel über den korrekten Zuschnitt eines Hufs, die zahlreichen Formen des Beschlags, die Beschlagsmodifikationen, die Nägel, die Hufkrankheiten, doch er wurde immer wieder von anderen Geschichten, unter anderem über sich selbst, davongetragen.

Aus persönlichem Interesse heraus sprach Ed oft über das Polospiel und den richtigen Beschlag der Polopferde. Eine Geschichte begann dann ungefähr so: »Manchmal sieht man einen leichten *Rim Shoe* (ein Eisen mit einer Profilkante für mehr Halt auf dem Boden) an beiden Vorderfüßen eines Polopferdes und dasselbe an den Hinterhufen. Wenn man diese Sportart auf einem gewissen Level betreibt, braucht man auch gar keinen anderen Beschlag.

Ganz selten sieht man – insbesondere auf dem mittleren Polo-Level – einen Vollblüter-Beschlag mit Aluminium-Eisen oder Ähnlichem. Ich habe zum Beispiel ein Pferd ...« – und das war dann der Anfang einer langen Abschweifung über sein Pferd, bis er schließlich zurück zur eigentlichen Geschichte fand: »Das erste Mal, als ich runter nach Florida gereist bin, da gab es keinen richtig guten, leichten *Rim Shoe* für Polopferde, es gab nur den dicken, schweren *Rim Shoe* und den *Polo Shoe* von der Firma Diamond. Später erst kam der *Light Rim Shoe* von der Firma *Saint Croix* auf den Markt, und den mochte ich für den Beschlag der Polopferde hier in New York eigentlich viel lieber. Aber dann fuhr ich eben nach Florida runter, und damals arbeitete ich mit Stan, und ich sagte zu ihm: ›Hey Stan, was hältst du von dem neuen *Light Rim Shoe* von *Saint Croix*?‹ Und er sagte: ›Ja, kein schlechtes Eisen, aber es steht nicht *Polo* drauf, und es gibt Leute hier, die wollen kein Eisen für Polopferde, wo nicht *Polo* draufsteht.‹«

»Wisst ihr«, fuhr Ed fort, »die Menschen, die hängen sich an Marken auf. Also, das Eisen muss seinen Job machen, egal, was draufsteht, egal, ob handgeschmiedet oder aus der Box.« Und dann spann sich die Geschichte weiter und endete bei einem Thema, was Ed fast so sehr liebte wie das Thema *Edward Dutch And His Incredible Career In Horseshoeing,* und das nannte sich *Some Of These Guys.* Gemeint war damit eine undefinierbar große Gruppe anderer Hufschmiede oder Pferdemenschen, die eine Gemeinsamkeit hatten: Sie machten alles falsch und gingen Ed auf den Keks. *Some of these guys* ließen ihre Gasöfen im Regen stehen, sie fütterten das falsche Heu, sie züchteten die falschen Pferde, sie beschlugen ihre Pferde nur mit handgeschmiedeten Eisen. Ed fuhr also in seiner Geschichte fort, die vor zwanzig Minuten mit dem Vordereisen eines Polopferdes begonnen hatte.

»*Some of these guys* schreiben dann auf Facebook: ›Oh, mein Gott, ich beschlage meine Pferde nicht mit Fertigeisen aus der Box, denn mir ist die Qualität an meinen Pferden wichtig.‹ Um Himmels willen!«, rief er aus. »Nehmt euch nicht so wichtig!« Wieder zu uns: »Aber wisst ihr, *some of these guys* sind auf so einem Rettet-die-Wale-Trip oder sonst was.«

Ich fragte mich, was das Wale-Retten mit dem Schmieden zu tun hatte, Greenpeace-Aktionen im Schlauchboot und Menschen mit Rastalocken in Taucheranzügen zogen kurz vor meinem inneren Auge vorbei, bis ich Ed wieder hörte: »Und ich habe schon so oft wunderschöne handgeschmiedete Eisen von Pferdehufen abgemacht, die überhaupt nicht passten, weil der Huf nicht richtig zugeschnitten war. Wisst ihr, zu oft habe ich das in meiner Karriere als Hufschmied gesehen, die fokussieren sich nur auf die handgeschmiedeten Eisen und nicht aufs Pferd.«

Aus solchen ausschweifenden Erzählungen erfuhr ich zum Beispiel auch, dass Ed nur einmal in seinem Leben krank gewesen ist, nämlich, als er vierzehn Tage die Grippe hatte, dass er die Pferde eines Mafia-Bosses beschlagen hat, Pferde mit Karate-Kicks gezüchtigt hat, dass er Solarpaneele auf seiner Scheune installieren lassen wollte, da sich das für ihn rechnete. Ich erfuhr, dass seine Mutter zweiundneunzig war und noch lebte, dass er in der Bronx aufgewachsen war und mit elf Jahren nichts lieber als ein »*Wise Guy*« werden wollte. Edward erzählte manchmal eine Stunde lang davon, wie unmöglich die Pferdewelt sei und überhaupt die Hufschmiede! Und dann, nach einer Stunde, schloss er: »Wisst ihr, Amerika mag das Land der Freiheit sein, aber es ist auch das Land der befreiten Dummheit. Sie alle züchten nur verkrüppelte Pferde.«

Edward, der drehte seine Geschichten immer so herum, dass er am Ende der König aller Menschen und Hufschmiede war.

»Einmal, da wurde ich in der New Yorker Subway von einer Gruppe Schwarzer umzingelt; elf, zwölf Mann! Und die hätten mich ausgeraubt, wenn nicht getötet, doch ich habe mich nicht mit ihnen angelegt. Ich habe sie nicht verprügelt, ich habe mit ihnen geredet: ›*What do you wanna kill a little white fat boy fo? I don have money, man. Don get stupid with me or I punch your nose and crack your heads open, and then they will stop da train, and black dudes will get in trouble.*‹ Damit habe ich meinen Kopf und Kragen gerettet.«

Auch nach dem zweiten Tag »Edwards Welt« war ich fix und fertig. Nicht ein Mal hatte ich ein Werkzeug in die Hand genommen oder ein Pferd gesehen. Mein Kopf war ganz wirr von all den banalen Erzählungen und den darin eingestreuten nützlichen Informationen. Die Vorstellungen von Edwards U-Bahn-Fahrten, seinen Kindertagen in den Straßen der Bronx überlagerten sich in meinem Kopf mit den Größen und Sorten unterschiedlicher Eisen, mit dem Knochenbau unterschiedlicher Pferderassen, mit dem Gebrauch der einzelnen Werkzeuge, den Heldengeschichten vom Polofeld und – ich dachte, das wird nie was mit dem Schmieden.

Erschöpft und sehr schlecht gelaunt hastete ich nach Schulschluss in der eisigen Kälte zurück zum Truck.

Zu Hause legte ich mich aufs Bett und lag einfach nur da.

Die ganze erste Woche war hart. Die Zeitumstellung machte mir noch zu schaffen, die Kälte draußen vor den Fenstern und Türen ließ mir den Atem in den Lungen gefrieren. Und dann jeden Tag das Gerede von Ed.

Allmählich aber entwickelte ich eine Routine, gewöhnte mich an die Abläufe und mein neues Umfeld. Am dritten Tag begannen wir zu schmieden, es kamen Pferde in den Shop, die Edward beschlug, und so nahm der Kurs langsam, aber sicher seinen Lauf.

9

Morgens stand ich um sechs Uhr auf, trank Kaffee und aß eine Scheibe Toast mit Erdnussbutter und Honig, packte mein Mittagessen und kochte Tee. Draußen herrschten Minusgrade, die Temperatur sank Tag für Tag weiter. Ich trug drei Pullover, eine Weste und eine Jacke, zwei Hosen (eine lange Unterhose und die Hose darüber), Schal, Mütze und Handschuhe. So ging ich zur Schule. Von allen Hausdächern hingen meterlange Eiszapfen, und die brache Welt um mich herum gefror mit zunehmender Kälte tiefer und noch tiefer.

Ed humpelte morgens um acht Uhr in die Werkstatt, setzte sich auf einen Eisenhocker, der bei den Schleifmaschinen stand, und tauschte dann seine dicken Neoprenstiefel gegen geschnürte Arbeitsschuhe mit Stahlkappe. An manchen Tagen sah ich, dass Ed sich nicht rasiert hatte, und dann bedeckte ein silberner Bartflaum seine trockene Gesichtshaut. Wenn er seine Schuhe gebunden und den Saum seiner Hose über die Schuhe geschoben hatte, begann er meist von Hufschmieden zu erzählen, während wir nichts anderes tun konnten, als ihm zuzuhören.

Doch Jack hatte recht behalten: Es war eine Erlösung für mich, als Edward endlich aufhörte zu reden und die Werkzeuge begutachtete, die jeder mitgebracht hatte. Er zeigte uns als Erstes, wie man einen Hufkratzer aus einem halben, alten Eisen schmiedete. Und so griff ich also endlich zu meiner Zange und meinem Hammer und begann nun jeden Tag. Eisenstangen für Hufeisen abzuschneiden, so, wie ich es an Jacks Truck vor langer Zeit einmal getan hatte. Den schweren Schlüssel vom Haken zu nehmen, die langen Stangen so hinzulegen, dass ich sie in der richtigen Länge schneiden konnte; all das war anfangs ein großer Aufwand für mich, doch bald wurde dieser Vorgang zur Normalität.

Nach zwei Wochen schmerzten mir vom Schmieden die Knochen in den Fingern. Ich legte in der Hitze des Gasfeuerofens nach und nach meine Kleiderschichten ab, und so hatte ich Brandlöcher in meinen T-Shirts, Verbrennungen an den Unterarmen und Fingern. Ein Eisen an einen Pferdehuf nageln? Das schien mir unmöglich, und ich konnte mir nicht vorstellen, irgendwann das tun zu können, was uns Ed mit siebzig Jahren scheinbar im Handumdrehen vorführte.

Wenn ich morgens um acht in den Shop kam, fing ich meist gleich an zu schmieden.

Ich ließ den Ofen laufen, um weiterarbeiten zu können, auch wenn Ed reinkam und mich mit seinen Erzählungen ablenken wollte. Wenn das nicht ging, weil ein Pferd ankam oder sonst was Außergewöhnliches passierte, war Edward ohnehin gezwungen, seine morgendliche Erzählstunde zu unterbrechen. Dann musste er in das Tierspital rüber, um sich dort zu erkundigen, ob vielleicht ein Schwein, eine Kuh oder ein verletztes Pferd eingeliefert worden war, an dem er die Klaue kürzen, ein Hufgeschwür behandeln oder eine Lahmheit begutachten musste. Wir waren in der Zeit unseren Schmiedearbeiten überlassen. Nach meiner ersten Arbeit – dem Hufauskratzer – begann ich meine ersten Eisen zu schmieden.

Gegen elf Uhr oder nachmittags bekamen wir an manchen Tagen in unserer Werkstatt Besuch, von Pferden und ihren Besitzerinnen. Sie fuhren ihre Tiere extra für den Hufbeschlag mit Anhängern nach Ithaca zur Cornell University. Und wenn Edward schlecht gelaunt war und ein lahmes Dressurpferd mit Prellungen im Huf hingestellt bekam, und die Besitzerin meinte, sie habe dem Pferd größere Füße wachsen lassen wollen, meinte er: »Na, dann kaufen Sie doch ein Pferd mit größeren Füßen!«

Denn ein Pferd hat nun mal nur so große Füße, wie sie ihm bei Geburt mitgegeben werden. Manchen Besitzerinnen aber reichte das nicht. Sie wollten ihren Pferden »lange Zehennägel« wachsen lassen und dann von ihnen verlangen, auf Spitzenschuhen Ballett zu tanzen. Für die Tiere einfach nur schmerzhaft.

Wenn Edward ein lahmes Pferd gebracht wurde, erklärte er uns: »Siebzig Prozent aller Lahmheiten entstehen durch Abszesse.« Diese konnten durch Dreck oder einen

Bluterguss verursacht werden. Dann stach er das Geschwür an, aufgestautes Blut quoll aus der Hornwand, und Ed rief triumphierend: »Sieh an, ein Abszess!«

Unsere Aufgabe war es, Edward zu beobachten. Aber während ich dem alten Mann bei der Arbeit zusah, spielte sich in meinem Kopf wie von einer Schallplatte immer und immer wieder derselbe Satz ab: »Ich schaffe das nie. Ich schaffe das nie. Ich schaffe das nie, ein Eisen an einen Pferdehuf zu nageln.« All die Handgriffe, die Präzision, die Ausdauer und Kraft, die man benötigte, um den Hufbeschlag zu vollenden – ich zweifelte daran, dass ich das in mir hatte.

Die Jungs waren alle selbstbewusster als ich und zeigten keine Anzeichen von irgendwelchen Bedenken.

Gery mit seinem »original« Cowboyhut hämmerte wie blöd auf kaltem Eisen herum. Cowboys machten das öfter so, deshalb wird diese Methode des kalten Zuschlags auch etwas abwertend *Cowboyshoeing* genannt.

Ich habe bei Gery auf dem Amboss nie ein gelb glühendes Eisen gesehen, doch egal, ob er mit der Bearbeitung zu kalten Stahls seine Werkzeuge ruinierte, er war immer überzeugt von seiner guten Arbeit. Mit gespitzten Lippen trat er auch an jedes Pferd heran und blieb dann dort stehen, gerade so, als wäre er der geborene Pferdeflüsterer aus Montana.

Eli, der ehemalige Jockey, schaffte es immer, den Eindruck zu vermitteln, als wisse er *alles* über Pferde, und er fand immer Vergleichsgeschichten von der Rennbahn.

Brent wiederum waren Angst oder Unsicherheit scheißegal. Er drosch einfach drauflos. Er war von uns vieren das *Kid* und hatte gar nicht den Anspruch, sich zu beweisen.

Und ich? Ich konnte eben noch nicht wirklich viel, ich

war eine Frau ohne Selbstbewusstsein, in deren Kopf sich jene lästige Schallplatte abspielte.

Brent schaffte es ab und zu, mich von meiner inneren Stimme abzulenken, indem er meinen Blick auf sich zog, wenn er laut knusprend auf Fritos-Chips herumkaute oder sich so unbekümmert streckte, dass sein bleicher, dicker Bauch unter dem Jagd-Pulli in Camouflagemuster zum Vorschein kam.

So oft wie möglich griff ich zur Schaufel und dem Besen und nahm die Pferdeäpfel auf – auch das lenkte ab –, aber sonst tat ich als Lehrling das, was ich tun musste: zuschauen.

Auch Gery schaute zu, dabei schmatzte er, ohne dass er es zu bemerken schien, und Eli, der kreuzte im Sitzen immer seine Beine fest geschlossen übereinander, die Arme über seinem dicken kleinen Bauch verschränkt.

Wir fegten, reichten Ed Werkzeuge, hielten die Pferde, wenn sie unruhig waren, oder hörten den Besitzern und Ed bei ihren Unterhaltungen zu.

»Was ist denn das für eine Pferderasse?«, fragte Ed mit Blick auf einen großen Braunen, der links vorne lahmging. Die Besitzerin war eine dürre Frau mit protzigem Schmuck an den Handgelenken, die mit ihrem iPhone herumsurfte.

»Oh, es ist ein Investitionspferd«, antwortete sie ganz selbstbewusst. »Ich trainiere es und werde es dann verkaufen.«

Wenn keine Pferde für einen neuen Beschlag in die Werkstatt kamen, schmiedeten wir Eisen, oder Edward nahm sich eine Stunde Zeit, um uns – während Brent mal wieder auf seinem Stuhl einnickte – etwas über bakterielle Hufinfektionen zu erzählen.

10

Manche Tage zogen sich endlos dahin. Und wenn es um 16.30 Uhr schon dunkelte, ging ich völlig erschlagen zum Parkplatz und fuhr taub und stumm zu meiner Hütte. Wenn ich nach Hause kam, stellte ich meinen Rucksack ab, drehte die Heizung auf und ging als Erstes unter die heiße Dusche. Dann machte ich mir ein simples proteinreiches Abendessen – Thunfisch, Hühnchen, Eier oder Joghurt – und legte mich danach direkt ins Bett. Die Informationsflut war für mich auch nach Wochen immer noch so gigantisch, dass ich oft kaum mehr richtig denken konnte. Wie perplex lag ich dann in meinem Bett, hörte pausenlos Eds Stimme in meinem inneren Ohr, starrte an die Decke und glaubte, den Wachstumsschmerz meines Gehirns förmlich zu spüren.

Und es war nicht nur mein Kopf, der zu kämpfen hatte. Ich dachte an Jack, der mir von seiner Ausbildung erzählt hatte: »Der Anfang tat weh.« So ging es mir auch. Von den Hammerschlägen aufs Eisen begannen mir im linken Arm bald die Knochen zu schmerzen, Muskeln bildeten sich an meinen Armen, und an meiner rechten Hand – meiner Zangenhand – bildeten sich Hornhaut und rote Schwielen in den Handflächen.

Das hielt ich Ed zugute: Er ließ uns schon in der zweiten Woche an den ersten Pferden arbeiten. Das hieß, wir durften den Huf beschneiden. Der Hufbeschnitt ist die Vorstufe des Hufbeschlages oder einfach die reguläre Prozedur, wenn ein Pferd barfuß geht und gar keine Eisen trägt.

Obwohl es vielleicht klingt, als sei es ganz leicht, den

Pferden ein bisschen die Nägel zu schneiden, war es harte Arbeit. Der richtige Umgang mit den Werkzeugen erforderte Kraft in den Fingern, Händen und Armen, die gebückte Haltung unterm Pferd erforderte Muskeln in den Oberschenkeln und im Po. All diese Muskeln musste ich erst trainieren, und so spürte ich die Arbeit im Rücken und in meinen am Abend zittrigen Beinen. Ich besorgte mir Arnika-Salbe und Pflaster.

Alles das ließ sich beheben, und mein Körper gewöhnte sich an die Arbeit am Amboss und unterm Pferd. Doch mich jeden Morgen, wenn der Wecker klingelte, immer und immer wieder meinen Hemmungen zu stellen und etwas zu versuchen – versuchen zu müssen –, das ich glaubte, niemals schaffen zu können, das fühlte sich an wie Eisklettern ohne Spikes.

Beim Schreiben konnte ich mich – wie alle Schriftsteller – immer schön aus allem herausretten, ich musste nur die richtigen Worte finden, und schon war ich größer als das Leben selbst. Beim Schmieden oder wenn ich vornübergebeugt unter einem Pferd stand, war dem überhaupt nicht so. Da war ich meinen Unfähigkeiten, meinen Schwächen und dem Verlust der Kraft sowie der Angst vor der erbarmungslosen Kritik Edwards gnadenlos ausgesetzt. Und: Ich wusste genau, dass ich mit meinen Fehlern ein Pferd lahmlegen konnte.

In der Theorie klang das, was ich tun musste, nicht zu schwer: Ich würde – um den Vorderhuf aufzuheben – mit dem Rücken Richtung Kopf des Pferdes ans Pferd herantreten. Dann würde ich mit den Fingern von der Schulter zum Knie und weiter zur Fessel fahren, den Huf aufnehmen und ihn zwischen meine Oberschenkel klemmen.

Doch wenn ich dies tatsächlich tun musste, obwohl ich

mich vielleicht gar nicht traute oder meine innere Stimme sagte: »Ich kann das nicht!«, dann begann ein quälender Prozess der Selbstüberwindung. Schließlich fasste ich mir ein Herz, schnallte mir die Schürze um und trat ans Pferd heran, klopfte es am Hals, sprach vielleicht mit ihm und versuchte dann genauso, wie ich es eben beschrieben habe, den Huf hochzuheben. Doch das Pferd, das dachte gar nicht daran, mir den Huf zu geben. Es pflanzte seinen Fuß in den Boden und stand da wie ein Fels. Und ich drückte meinen Körper dagegen, schnalzte mit der Zunge, drückte meine Finger in die Sehnen: »Komm schon, komm, gib Huf.«

Nichts. Das Pferd bewegte sich nicht. Und ich wusste, dass das Pferd wusste, dass ich mir eigentlich in die Hosen machte.

Auf dem Papier hätte ich das alles umschreiben, schönschreiben können, aber in der Realität dieses Farrier Shops stand ich da, und es gab keine Hintertür, durch die ich hätte entschlüpfen können. Alles hing von meinen körperlichen Fähigkeiten ab, nicht von den Fähigkeiten meiner Phantasie.

Wenn ich dann endlich mit den richtigen Handgriffen (die gleichzeitig sicher sein mussten, um meine Beine vor einem Kick oder Rückzieher des Tiers zu schützen) den Fuß in den Schoß bekam, musste ich sofort anfangen, meine Werkzeuge einzusetzen – und zwar *richtig* einzusetzen.

Als Nächstes stand ich vor dem Problem, dass mir nach einiger Zeit die Kraft ausging. Dann verlor ich den Überblick darüber, was ich als Nächstes machen musste, und dann – zack – zog mir das Pferd den Fuß wieder weg, und ich konnte von vorne anfangen.

Im Laufe der Wochen, in denen ich immer wieder neue

Anläufe machte, lernte ich: Nur durch mein Können, durch ein unerschütterliches Selbstbewusstsein und Übung konnte ich ein unberechenbares Tier beherrschen.

Das Pferd warf mich immer wieder auf meine Begrenztheit zurück. Ich konnte mich noch so toll und erfolgreich dem Pferd annähern; ein Kick, und mein Knie wäre Matsch gewesen. Ja, die Bescheidenheit und die Ehrfurcht, die konnte ich mir nicht anschreiben, die lehrte mich ein 600-Kilo-Vierbeiner im Nu.

Für Edward – der das seit fünfzig Jahren machte – war es weniger eine Sache der Ehrfurcht. Er konnte eintausendzweihundert Kilo schwere Pferde beschlagen und war immer noch nicht ehrfürchtig. Er sagte dann einfach: »*You know, it's a hoss, its brain got the size of a walnut.*«

II

Wir arbeiteten auch außerhalb der Werkstatt. Ein- oder zweimal die Woche arbeiteten wir im Stallgebäude, in dem die Polopferde der Universität untergebracht waren. Und meistens donnerstags fuhren wir zum *Research Park,* der ebenfalls zur Uni beziehungsweise zur Tierklinik gehörte. Hier waren trächtige Stuten, Hengste oder Pferde zu Untersuchungszwecken untergebracht. An solchen Pferden konnten Studenten den Ablauf einer Geburt verfolgen, die Zucht studieren und an Fohlen arbeiten.

Täglich besuchten wir Tiere mit Hufproblemen, Hufgeschwüren, Lahmheiten, vernachlässigten Füßen, oder wir hospitierten bei Hufoperationen im Spital.

Das Tierspital bestand aus aneinandergebauten Komplexen, die mit roten oder schwarzen Gummimatten ausgelegt waren. Es gab einen A-, einen B- und einen C-Komplex – ich verstand das System bis zum Ende nicht und verlief mich immer wieder. Es gab einen Trakt für Kleintiere, einen Trakt für Farmtiere und Viehbestand und einen gesonderten Bereich für Pferdeheilkunde. Es gab ein Gebäude mit einem Longierzirkel, in dem Pferde zur Untersuchung von Lahmheit vortraben konnten, es gab das Gebäude neben uns, in dem für die Analyse der Atemwege ein Laufband stand.

Manche Operationssäle waren oktagonförmig und mit grünen Elefantenmatten ausgelegt, in anderen Sälen standen eiserne Gestelle, in die man Kaltblüter einstellen konnte, um sie zu röntgen. Es gab ein MRI-Gerät extra für Pferde und natürlich Stallungen für die Patienten. All diese Räume und Trakte waren mit großen breiten Fluren verbunden. Auf dem Weg durch die Klinik, wo Schweine, Ziegen, Kühe, Giraffen (!) und Pferde täglich untersucht, betäubt, kastriert oder anderweitig behandelt wurden, begegnete man manchmal Gruppen von Medizinstudenten, die, ganz in Grün eingehüllt, Operationen an Kühen durchführten. Dann sah das aus wie die Zusammenkunft eines diabolischen Ordens; auf den schwarzen Gummimatten schwamm das Blut, die Gewänder der Operierenden waren verspritzt, das Werkzeug war rötlich verschmiert.

Man traf den Sheriff der berittenen Polizei an, man traf auf zurechtgemachte Reiterinnen, auf alte Ehepaare, auf Pferdebesitzer aus der Umgebung von Ithaca, und man traf auf die Tierärzte.

Auf Cornell lebte eine ganze Kolonie von Ärzten. Doktor Coulon – man nannte ihn *Cullen* – aber war der Chefarzt. Wenn niemand mehr weiterwusste, wurde Doktor Coulon per Textnachricht oder Telefon gerufen. Wenn Doktor Coulon nach Edward verlangte, wurde im Farrier Shop alles niedergelegt, und er wanderte, uns Lehrlinge im Schlepptau, sofort rüber in die Klinik.

Wenn Doktor Coulon sprach, hörten alle zu, selbst Edward. Coulon sagte nicht viel, rieb aber oft sein Kinn. Er war ein hagerer, kleiner Mann mit kurzen, graumelierten Haaren. Er trug eine Uhr der neuesten Technologie, die mit seinem Telefon gekoppelt war. Wenn er seinen grünen OP-Kittel anhatte, blitzte darunter eine Goldkette hervor. Seine Hände waren weiß, jedenfalls standen sie im krassen Kontrast zu jenen von Ed, die blut-, eisen- und staubverkrustet waren. Es gab nichts, was Coulon nicht schon gesehen hatte, nichts, was er nicht operieren konnte, er war ein wandelndes Wissenszentrum und dabei bescheiden und reserviert.

Die körperliche Anstrengung, den Lärm und die Hitze des Schmiedens, die Blasen an den Fingern, das dauerhafte ununterbrochene Gerede, die Kommentare Edwards oder die bis in die Knochen gehende Kälte – all das konnte ich irgendwie wegstecken, aber wenn wir in der Klinik Pferde zu Gesicht bekamen, die ein bis ans Knie eingegipstes Hinterbein hatten, abrasierte Stellen am Hals von den betäubenden Injektionen, verfilzte Mähnen, krumme Rücken von der Hufrehe oder aufgerissene Hufkapseln von Unfällen, dann knickte ich innerlich manchmal ein. Das waren verreckende Pferde, die von ihren Besitzern am Leben gehalten wurden, Pferde, die nicht sterben durften. Ja, ich glaube, das war das Schwerste; zu sehen und zu erleben, dass Menschen nicht loslassen konnten, dass sie im Gegenteil eine krampfhafte Liebesbindung entwickelten und das

Pferd, das zum Rennen geboren war, Monate oder gar Jahre auf Stallruhe setzten.

Vieles musste ich Edward lassen: Er mochte Kaiser im Edward-Land sein, aber ihm stiegen die Tränen in die Augen, wenn er von seinem ersten Pferd erzählte, das er mit einem gebrochenen Bein hatte einschläfern lassen müssen. »Wir besitzen die Pferde nicht«, pflegte er zu sagen, »wir leihen sie uns nur für eine Weile aus.« Er war auch der Meinung – und so hatte es mich mein Vater ebenfalls gelehrt: »Pferde, die ein gebrochenes Bein haben, werden auf der Stelle erschossen.« Es gibt keinen, wirklich keinen Grund, ein Pferd mit drei gesunden Beinen am Leben zu halten.

Der Mensch projiziert sein eigenes Empfinden von Leid auf das des Tieres. Doch wenn *wir* ein gebrochenes Bein haben, bekommen wir einen Gips, werden im Rollstuhl nach Hause gefahren, dort bekommen wir eine Tüte Popcorn und eine Fernbedienung für den Fernseher in die Hand gedrückt, und uns wird Bettruhe verordnet. Ist die Bettruhe vorbei, gehen wir zur Physiotherapie, bauen unsere Muskeln wieder auf und können dann irgendwann wieder laufen.

Ein Pferd aber hat überhaupt kein Bewusstsein, kein Gefühl für sein gebrochenes Bein. Ohne zu wissen, warum, wird es mit Schmerzen monatelang in einer Box gehalten und gefüttert, bis es fast verrückt wird. Dann wird es als unrittig, weil wahnsinnig, erklärt oder mit scharfer Kandare gezähmt, oder es wird – weil es ja nicht geritten werden kann – auf die Weide gestellt. Dort bekommt es früher oder später einen Schreck, versucht zu fliehen, weil das sein natürlicher Instinkt ist, und sein einst gebrochenes und mit Schrauben zusammengefügtes Bein bricht auf qualvolle Weise erneut entzwei.

Gegen Ende des Kurses gewöhnte ich mich an Operationen am Huf, bei denen das Blut an vier Stellen in fadendünnen Strahlen herausspritzte. Ich gewöhnte mich an den fauligen Gestank von verdorbenem Huf, an den Anblick wirr wachsender Geschwüre am oder im Huf, die Ed mit dem Messer oder den Nippern, so gut es ging, versuchte in den Griff zu kriegen.

Manche Pferde litten keine Schmerzen, wie es andere taten. Doch am Ende war es seltsam zu sehen, dass wir Menschen totale Kontrolle über die Tiere ausüben, indem wir sie um jeden Preis versuchen am Leben zu halten. Ed sagte manchmal, dass der Mensch dem Tier gegenüber eine seltsame Schuld empfände, da Tiere bedingungslos gäben und wir bedingungslos nähmen. Das Gefühl der Aufopferung für das Tier ist das Einzige, was dieses Schuldgefühl stillt.

Wir wollen doch nur helfen, heißt es dann, doch ein Pferd, das nicht mehr laufen konnte, war kein Pferd mehr. Einem Pferd, das mit gesenktem Schädel, halbgeschlossenen Augen und gekrümmtem Rücken dahinhumpelte, achtzehn qualvolle Jahre auf dem Buckel hatte und bei seinen Besitzern nur vor einem Wohnzimmerfenster stand, weil es die Landschaft aufhübschte – einer solchen Kreatur wünschte ich einfach nur den Tod.

12

Meinen Tiefpunkt erreichte ich genau nach der Hälfte des Kurses, in der achten Woche.

Ich war über das Wochenende nach Vermont zu Jack gefahren und war so entmutigt, dass ich fast das Handtuch geworfen und innerlich verweigert hätte, jemals wieder nach Ithaca zurückzukehren.

Ed konnte einen vor allen anderen runterputzen. Das heißt, wenn man Fehler machte, dann hörte er nicht auf zu schimpfen: »Du brauchst viel zu lange, das sind jetzt fünfzehn Minuten an einem Huf, und du bist noch nirgends. Wenn du so arbeitest, bist du nach einem Pferd tot. Denk daran, du willst Geld damit verdienen! Du musst doch einen Plan haben! Du kannst nicht einfach blind drauflosschneiden, die Pferde werden ungeduldig, die Uhr tickt. Und du machst dich kaputt.«

Das liest sich nicht so schlimm, wie es sich für mich anfühlte, die die Eigenheit hatte, immer alles richtig bis perfekt machen zu wollen.

Man hatte meine Bücher kritisiert, auf meiner Herkunft rumgehackt, aber nie unmittelbar, nie in mein Gesicht. Vor allem war ich von Leuten kritisiert worden, die mich nicht interessierten und auf deren Meinung ich keinen Wert legte. Edward aber hatte Ahnung, und dummerweise wusste er genau, wovon er sprach. Fünfzig Jahre Hufschmied – ich: ein paar Wochen, und als er mich so anblaffte, hatte ich mit meinem Messer das Sohlenhorn eines Pferdes gerade sehr unregelmäßig beschnitten. Die Sohle des Hufs wird vom Tragerand umschlossen und sollte nach der Bearbeitung glatt und eben sein. Mein Messer hatte hier und da etwas tiefere Einschnitte als an anderen Stellen hinterlassen; ein Fehler, der sich nicht wiedergutmachen ließ.

Am Ende einer Beschlagsperiode – sie dauerte circa sechs bis acht Wochen – ist an der Sohle des Pferdehufs überschüssiges Horn nachgewachsen. Der Schmied nimmt also das Eisen ab. Das allein ist ein enormer Kraftaufwand, wenn man es nicht gewohnt ist. Ist das Eisen ab, säubert man als Erstes die Sohle und den Strahl mit einem Rinnhufmesser. Geht man richtig mit dem Messer um, fallen dabei papierdünne, längliche Chips ab. Mit der Hufschneidezange, die dafür zwei geschärfte Kiefer hat, knipst man dann den überschüssigen Tragerand ab. Zum Schluss wird die Sohle eben geraspelt, so sollte das Pferd im Idealfall wieder passend und perfekt ausbalanciert zu seinem Fesselstand auf dem Boden auftreten. Hat man den Huf von unten bearbeitet, zieht man das Pferdebein vor und raspelt die ausgestellten Innen- und Außenseiten und überschüssiges Horn an der Zehenseite zurück, bis der Winkel zwischen Hufwand und Boden wieder stimmt.

Schon beim Ausschneiden und vor allem beim dann folgenden Beschlag muss man immer beachten, wie das Pferd gebaut ist, wie es sich bewegt, auf welchem Boden es sich bewegt, welche Arbeit es täglich verübt und wie intensiv diese Arbeit ist, wie dabei seine Füße belastet werden. Und das ist erst der Anfang eines langen Beobachtungsprozesses.

Und nun war mir also dieser Fehler passiert.

»Diese Unregelmäßigkeiten kannst du nicht wiedergutmachen«, sagte Ed, »nimm die Raspel und rasple es glatt.«

Ich fühlte mich schrecklich und musste trotz allem für meinen Fehler geradestehen.

Und das Schlimmste: Ich würde es wieder versuchen müssen.

Erst biss ich mir auf die Lippe und schluckte meinen Ärger runter, wenn Ed mich mal wieder harsch kritisierte, doch bald kostete es mich immer mehr Überwindung, mich an ein Pferd zu wagen, da ich fürchtete, vielleicht einen weiteren Fehler zu machen und mir erneut Kritik einzuhandeln.

Ähnlich stellte ich mir einen Drill beim Militär vor: Man wurde so lange fertiggemacht, bis man einknickte und ausgemustert wurde. Oder man wurde so lange fertiggemacht, bis man seine innere Stärke bewies, dem General den Finger zeigte und sich sagte: »Du kannst mich mal. Ich werde dir beweisen, dass ich kein Weichei bin.«

Anfangs reagierte ich genauso, wie ich immer reagierte, wenn mir etwas nicht passte: Ich wurde böse auf alle, schimpfte auf meine Unfähigkeit und wollte aufhören. Jeden verdammten Tag.

»Das ist der letzte Tag!«, rief ich Jack durchs Telefon ins Ohr. »Ich kann niemals Cowboy sein – das ist doch alles *bullshit*. Ich mach das nicht weiter, es hat keinen Sinn. Ich gehe!«

Doch als ich dann bei Jack in Vermont war und aufgeben wollte, betrachtete ich das Bild, das bei ihm im Schlafzimmer stand. Es war ein auf Karton gedrucktes Foto. Darauf waren hohe, wettergebeutelte Tannen zu sehen, die um eine Lichtung herum standen. Auf der Lichtung hatte eine Gruppe Cowboys ihr Lager aufgeschlagen. Die weißen Tücher ihrer Zelte leuchteten im blassen Sonnenlicht, eine Blockhütte stand da, eine zarte, fast unsichtbare Rauchsäule stieg aus dem Schornstein empor, und gesattelte Pferde dämmerten vor sich hin. Im Hintergrund standen die schneebedeckten Berge, über alles spannte sich der blaue Himmel.

Ich stellte mir vor, dort im Camp meinem Pferd neue Eisen anzunageln – und was man auf dem Weg in dieses Camp als Cowboy alles einstecken musste. Und mir wurde klar: Ich konnte nicht aufgeben. Das war einfach nicht der *Cowboy Way*.

»Du schaffst das, Baby«, sagte Jack.

Und ich fuhr zurück nach Ithaca.

13

Die Schule war hart, aber ich lernte so viel und so schnell wie noch nie zuvor in meinem Leben.

Ich lernte ein Handwerk, ich lernte den Umgang mit Werkzeugen, ich durfte Stahl hämmern, biegen und schmieden, schweißen und schneiden. Die Arbeit am Amboss machte mir großen Spaß und brachte mich ins Schwitzen. Das Hämmern ging mir durch Mark und Bein; im wahrsten Sinne des Wortes. Anfangs hatte ich sogar Muskelkater im Po! Jedenfalls setzte ich beim Schmieden den ganzen Körper ein, vor allem, weil ich noch nicht die volle Kontrolle über meine Hammerschläge hatte – aber das gab sich mit der Zeit, und meine Eisen wurden runder, gleichmäßiger, schöner.

Nichts von alldem war leicht. Beim Hufbeschlag sieht alles, wirklich alles, einfacher aus, als es ist. Der Weg ist steinig und voller Hindernisse – und das Höllischste: Er beginnt jeden Tag wieder aufs Neue.

Wir alle machten unsere Lernprozesse durch, und rückblickend gesehen stand ich den Jungs beim Schmieden und bei der Arbeit am Pferd in nichts nach. Nur hatte ich eben mehr Skrupel als sie. Und diese verdammte Angst vor Eds Kritik.

Brent machte ab und zu nach dem Unterricht laute Musik an, und dann schmiedeten Eli, Gery und ich bis 18 Uhr. Das machte Spaß, und wir tauschten uns gegenseitig aus. Brent gab mir Tipps, wie ich meinen Lochdorn nach starker Abnutzung wieder in die korrekte Form schleifen konnte. Gery stapelte seine Eisen neben seinem Ofen. Manchmal, wenn er gerade noch beim Mittagessen war oder – wie wir bald unschwer erkennen und riechen konnten – sich irgendwo einen Joint reinzog, schaute ich mir seine Arbeit an.

Ich staunte über seinen Fleiß; da stapelten sich mindestens dreißig Eisen, von denen die meisten vom zu »kalten« Schmieden allerdings etwas zerschlagen und verbeult waren. Auch Gery war, wie ich letztlich auch, unendlich bemüht, in diesem Kurs ein *echter* Cowboy zu werden. Morgens machte er an seinem Wollschal, den er an die Heunetzverankerung in der Wand geknotet hatte, ächzendes Schulterstretching. Er brachte es fertig, vier Stunden lang seine Rinnhufmesser mit der Kettensägenfeile zu schärfen, er las stapelweise Fachliteratur, trug auch immer irgendein Buch mit sich herum und blätterte darin.

Brent ging das sichtlich auf die Nerven, und wir verdrehten die Augen, wenn Gery mit medizinischem Fachgeschwätz um sich warf.

Edward sagte dann: »Ich rede hier gerade vom Winkel der Hufwand, und du kommst schon wieder mit *White Line Disease*. Da sind wir noch gar nicht!«

White Line Disease ist eine durch Pilze oder Bakterien verursachte Entzündung der empfindlichen weißen Linie, die den im Huf liegenden Hufknochen an die Hornwand kittet. Ist sie entzündet und wird nicht richtig durchblutet, verursacht das eine Delle in der Hufwand.

Wenn Gery sich an einem Pferd zu schaffen machte, stöhnte und schnaufte er schon nach wenigen Minuten lauter als wir alle.

»Es ist Übungssache«, sprach ich ihn manchmal an, wenn er sichtlich verzweifelt im Buch nachlas, wie man den Huf nach genauen mathematischen Formeln und physikalischen Berechnungen beschnitt.

»Ich brauche einfach noch zu lange! Aber der korrekte Zuschnitt des Hufs ist so komplex! Wenn ich das hier lese, merke ich, dass uns Edward nur die Oberfläche der biochemischen Bewegungsabläufe im Huf erklärt hat.«

»Zsss«, schmunzelte ich, »wenn du schneller werden willst, musst du vielleicht dein Gehirn abschalten und es einfach mal nach deinem Gefühl machen.«

Gery guckte mich ratlos an. *Gefühl* war etwas, das sich nicht mathematisch erläutern ließ, und daher war es für ihn wertlos.

Viele kalte Wochen vergingen. Die Wasserrohre, die zu meiner Hütte führten, gefroren. Einmal, als ich morgens mein Gesicht waschen wollte und einmal am Abend, als ich aus der Schule kam. Kein fließend Wasser bei minus zwanzig Grad Celsius. Ich rief dann den Vermieter an, und er brachte mir mit warmem Wasser gefüllte Eimer vorbei. So duschte ich drei Tage mit einer Schöpfkelle. Dann endlich wurde der Boden aufgestochen und die Rohre wurden erwärmt, bis sie wieder Wasser führten. Es war so kalt, dass ich das Wasser in der Küche laufen lassen musste, damit es über Nacht nicht erneut gefror. Der Schneeberg vor meinem Küchenfenster wuchs und wuchs, bis ans Fensterbrett ran. Zwei Gartenstühle, die draußen in einer Wiese standen, versanken komplett im Schnee. Woche um Woche schien es immer noch kälter zu werden, immer noch mehr zu schneien.

Dann endlich kam der Frühling. Die Zeit wurde umgestellt, und es blieb eine Stunde länger hell. Wenn die Sonne schien, begann der Schnee zu schmelzen, das Eis zu tropfen. Die Tiere kamen aus ihren Höhlen, und man sah Eichhörnchen und Stinktiere am Wegesrand. Es tat sich was! Flüsse, Seen, Wiesen, selbst der Himmel taute auf.

Das Wetter brach. Endlich.

Und so wurde mir auf einmal klar, dass der Winter wie auch dieser Kurs nicht mehr lange dauern konnten. Das Ende würde kommen, und ich musste mich endlich am Kragen packen, kein Weichei mehr sein. Wenn mir etwas nicht passte, dann musste ich mich eben wehren! Rede!

Ich überwand meine Hemmungen und bat Edward um einige Minuten Zeit.

Als ich ihm gestand, dass ich mich bei der Arbeit alleingelassen fühlte und ich mehr Ermutigung am Pferd brauchte, schluckte ich meine Tränen runter. Er lächelte sein müdes Lächeln, seine groben Hände ruhten in seinem Schoß, und er meinte, Hufschmiedeschule sei kein Zuckerschlecken. »Du musst damit leben können, Fehler zu machen. Nur durch deine Fehler wirst du lernen. Sieh mich an, ich lerne seit fünfzig Jahren!« Und da lächelte er etwas breiter. Ich senkte meinen Blick. Ich konnte nicht glauben, dass ich anscheinend solche Angst hatte, etwas nicht gut genug zu machen, und dass der einzige Ausweg, den mein Gehirn einschlagen wollte, die Flucht war.

»Trau dich und vertraue in das, was du bereits kannst«, sagte Edward.

»Aber wie soll ich jemals ein Pferd beschlagen können? Ich fühle mich dazu überhaupt nicht bereit.«

»Du hast ja auch noch einige Wochen Zeit.«

Ich senkte wieder meine Augen, denn meine innere Stimme redete mir ein, dass selbst viele Monate nicht genügen würden, um dieses Ziel zu erreichen. Doch ich wollte ihr nicht glauben, denn meine innere Stimme hatte auch nicht daran geglaubt, dass ich jemals ein Hufeisen würde schmieden können. Das Gegenteil hatte ich ihr längst bewiesen.

Das Gespräch mit Ed setzte dem Kampf mit meinem inneren Schweinehund kein Ende, aber nach diesem Tag hatte ich ihn besser im Griff.

14

Jeden Freitag fuhr ich fünfeinhalb Stunden nach Vermont, um Jack zu sehen, und am Sonntag fünfeinhalb Stunden wieder zurück nach Ithaca. Ithaca war einfach kein Ort, an dem ich alleine ein Wochenende verbringen wollte.

Diese Autofahrten waren manchmal anstrengend, aber sie boten mir die Möglichkeit, fünfeinhalb Stunden ganz für mich alleine zu sein. Ich konnte – wie ich es mir so oft in der Schweiz gewünscht hatte – immer geradeaus fahren. Stundenlang auf dem Highway I-81 nach Norden, auf der I-90 bis zur Mautstelle nach Osten, auf dem Highway I-87 nach Norden, auf der Route 4 wieder nach Osten. Die Straßen zogen sich dahin wie der Aalstrich auf dem Rücken eines Pferdes, ich fuhr auf dem Rückgrat eines endlosen Landes. Meile um Meile erstreckte sich der zweispurige, zerschlagene Asphalt.

Ich überholte die sechzehnrädrigen Trucks, und in Saratoga Springs hielt ich hinter Stoßdämpfer-Aufklebern mit der Frage *Do You Follow Jesus That Close?*

Im Januar und Februar war die ganze Landschaft in Eis und Schnee erstarrt gewesen. Die Flüsse waren gefroren, die Felder braun oder schneeverweht, die Straßen vom Salz gebleicht.

Das Eis schien die ganze Welt, die ich mit dem Auto durchkreuzte, fest im Griff zu haben. An den Hausdächern von Fonda, einer unscheinbaren Stadt südöstlich des Adirondack State Park, vier Stunden westlich von Ithaca, wo ich von der I-90 abbog, hingen armdicke Eiszapfen, ganz selten sah ich eine Gestalt am Straßenrand stehen.

Im März dann breiteten sich die Gras-, Stein- und Strohflecken im Land immer weiter aus. Hier und da sah ich plätschernde Bäche. Manchmal hackte ein Rabe auf einem überfahrenen Waschbären herum, und Rehe ästen in den Böschungen entlang der Straßen. Wenn ich aus New York kommend die Berge Vermonts erblickte, schimmerten ihre Igelrücken lavendelblau in der Abendsonne.

Ich hielt meist an den gleichen Tankstellen, tankte, ging auf Toilette, holte mir Kaffee oder Wasser und fuhr weiter. Erst hörte ich Country, dann Elvis Radio, manchmal Hörbücher.

Wenn ich sonntags gen Westen fuhr, ging die Sonne am Horizont unter, und ihr Licht flutete den Himmel und die Erde.

Im Auto fühlte ich, wie groß meine Welt geworden war. Obwohl ich mich zuerst manchmal noch zwischen Vermont, Ithaca und Berlin gedanklich zerrissen gefühlt hatte, merkte ich, dass es mittlerweile keine Zerrissenheit mehr war, sondern dass ich zwischen diesen Orten so viel Raum hatte – und mich in einem riesigen Dreieck der Heimat befand. Nun konnte ich an drei Orten zu Hause sein.

Und dann war da das Nachhausekommen, das Bellen der Hunde, die schwanzwedelnd auf mich zutrabten, der Sternenhimmel, der mich Freitagnacht in Sharon empfing.

Ich roch das Feuer im Holzofen, und wenn mich Jack in den Arm nahm, wollte ich ihn gar nicht mehr loslassen. Nach Hause kommen – dafür wäre ich einen Tag lang Auto gefahren.

Nicht, dass ich mich manchmal nicht fragte, ob ich eigentlich verrückt wäre, aber dann dachte ich: »Wieso? Es sind nur noch ein paar Wochen, und ich werde diese Autofahrten noch vermissen.«

15

Das Wetter änderte sich zwar, aber der Winter ließ nicht locker. Er hielt nach ein paar wenigen Frühlingstagen wieder Einzug, und Schnee und eisige Kälte kamen zurück.

An einem dieser kalten Tage, zwei Wochen vor Ostern, trimmte ich eine trächtige Stute im Research Park, wo wir immer donnerstags arbeiteten. Die Stute war riesig und dick, fuchsbraun und schwer. In wenigen Wochen sollte sie ihr Fohlen bekommen, und lange konnte sie nicht auf drei Beinen stehen.

Also sagte Edward: »Dieses Pferd wird dich lehren, zügig zu arbeiten.«

Ich machte mich an die Arbeit. Blut und Wasser schwitzte ich, legte Mütze, Schal, Weste und Wollpullover nach und nach ab. Ihre Zehe war lang, ihre Sohle musste ich mit dem Messer säubern, dann kürzte ich den Tragerand mit der Zange und feilte von unten und von vorne alles eben. Ich schaute auf ihren Fuß, prüfte die Balance, und irgendwo im Hinterkopf wunderte ich mich, woher das alles auf einmal kam. Meine Hände hatten die Befehle meines Gehirns richtig ausgeführt, sie hatten meine Vorstellung des sauberen, ausbalancierten Hufs einfach in die Tat umgesetzt. Ich besaß die Kraft und die Ausdauer, meine Werkzeuge richtig einzusetzen. Ich arbeitete weiter, arbeitete an ihrem schweren Hinterbein, und nach fünfunddreißig Minuten, als ich mit klopfendem Herzen am Kopf der Stute stand und ihr die Stirn rieb, kam Edward.

Er ging um das Pferd herum, hob einen Fuß nach dem anderen hoch und sagte langsam und sehr klar: »*You did a very good job on this horse.*«

Oh, Mann! Ich hätte ihn umarmen können, Edwards kleinen runden Körper an mich drücken und jubelschreiend durch den engen Stall tanzen können. Ich wusste, dass ich gute Arbeit geleistet hatte, ich wusste, dass ich weder zu viel noch zu wenig Sohle oder Hufwand weggenommen hatte, dass der Huf der Stute schön eben und an allen Seiten gleichmäßig gekürzt war. Ich fühlte, wie der Knoten platzte – er platzte ganz langsam, fast in Zeitlupe, ein Genuss!

Wir fuhren zum Hengststall, und ich arbeitete an zwei Hengsten. Auch dort ging mir der Ausschnitt fließend von der Hand.

In der Pause setzte ich mich, den Rücken an die warme Holzbretterwand gelehnt, raus in die Sonne. Ich schaute auf einen roten, zerbeulten Ford F-150 Truck, die matschige Erde in den Weiden und lächelte vor mich hin. Ich dankte dem lieben Gott, der irgendwo da oben im stahlblauen Himmel saß. Ich würde auf meinem weiteren Weg noch viele Prüfungen und Rückschläge bestehen müssen, aber in einem Moment wie diesem fühlte ich mich gewappnet, allen Herausforderungen mit Ruhe, Stärke und

Gelassenheit zu begegnen. Man kann keine Pferde in Angst und Ungewissheit beschlagen. Man kann auch kein Leben in Angst und Ungewissheit leben.

»Du musst ein System haben, und von diesem System darfst du dich nicht abbringen lassen«, sagte Edward immer. Und eigentlich, fand ich, galt das für vieles im Leben; man darf sich nicht abbringen lassen.

Am nächsten Tag arbeiteten wir wieder an Pferden, und ich nagelte meine ersten zwei Vordereisen an. Meine Nägel saßen zwar etwas tief, aber weder hatte ich mir auf den Daumen gehauen (wie bei meinem ersten Versuch an einem Kadaverhuf), noch war der Nagel gebogen oder zu nahe an der empfindlichen »weißen Linie«. Es war wie Magie: Ich schlug den Nagel ein, und die Spitze kam an der fast richtigen Stelle aus der Hufwand wieder heraus. Um wirklich die richtige Stelle zu treffen und alle Nägel auf eine Linie zu bringen, brauchte es sehr viel Übung. Meine Nägel saßen etwas tief, doch dort, wo sie wieder aus der Hufwand rauskamen, bog ich sie, nach dem Okay von Edward, um – fertig. Natürlich darf bei alldem das Eisen nicht verrutschen, es darf nicht zu tief und nicht zu hoch sitzen. Vor allem musste ich gelassen bleiben. Obwohl ich den zweiten Nagel mehrmals ansetzen musste, blieb ich ruhig. Auch diesen bog ich um, ließ das Pferd auftreten und musterte meine Arbeit.

Die Härte seiner sonst üblichen erbarmungslosen Kritik machte Edwards Lob, als er kam, um meine Arbeit zu betrachten, umso größer. *»You did very good.«*

Kein Gefühl konnte ich mit dem Gefühl vergleichen, ein Pferd beschlagen zu haben. Es machte mich so stolz und glücklich, so ruhig und zufrieden wie eine genau dosierte Droge. Mit jedem hätte ich in diesem Moment den

Kampf aufgenommen. Die Kraft floss durch meinen ganzen Körper. Ich zog die Nase hoch, klopfte das Pferd und rieb ihm den Hals. Dann schlug ich die weiteren Nägel ein, machte die abschließende Arbeit: Nägel umbiegen, anlegen, feilen und alles mit dem Sandblock glätten. Ich war die glücklichste Frau der Welt.

16

Ich kam dem Cowboy beim Hufbeschlag schon sehr nahe. In meiner Arbeitskleidung fühlte ich mich weder wie eine Frau noch wie ein Mann – sondern irgendwie befreit. Mein Körper veränderte sich und wurde robuster, widerstandsfähiger. Ich bekam mehr Muskeln, ich hatte mehr Kraft, natürliche Kraft von der Arbeit, die ich tat. Die Veterinäre hielten mich für ein Hinterwäldler-Mädel, das Hufschmied lernte. Eine Verkäuferin in der Drogerie verlangte meinen Ausweis, als ich gegen einen Schnupfen einmal Erkältungssirup und eine Nasendusche sowie ein Feuerzeug kaufen musste. Sie glaubte, ich wolle damit Drogen kochen – ganz schön verwegen. In meiner Kleidung, mit meinen verbundenen Fingern, sah ich offenbar tatsächlich so aus, als könnte ich eine verfluchte Drogerie überfallen!

Wenn ich mit Zange und Raspel in den Händen durch die Klinik ging, um einem Pferd, das geröntgt werden musste, die Eisen abzumachen, spürte ich den Cowboy an meiner Seite. Wenn ich meine Eisen schmiedete und meine Nagellöcher mit dem Lochdorn ausstampfte, dann lachte er mich an. Wenn ich den Huf zwischen meinen Knien hatte und mit dem Messer das Strahlbein sauberschnitt, stand er da, beobachtete mich und flüsterte: »Komm, wir machen uns heute Nacht auf den Weg ins Hinterland, dorthin, wo die wettergebeutelten Tannen stehen. Von nun an können wir eines jeden Pferd beschlagen und uns von dem Lohn Tabak und Brot kaufen.«

Aber wenn ich im Unterricht zu meinem Mitschüler Gery rüberschlenderte, zweifelte ich an meinem so lang gepflegten Idol.

Mir war, als hielte mir Gery einen Spiegel vor und als zeige mir dieses Spiegelbild, was aus einem wurde, wenn man einem Traum hinterherhechelte, ohne dabei sein Leben in den Griff zu bekommen. Mit Reiten und dem Tragen von Cowboyklamotten war es einfach nicht getan.

Gery kiffte mittlerweile jeden Tag, auch ihn strengte die Schule offensichtlich an. Er trug Cowboyhemden, gleich zwei übereinander, Cowboyhosen, Cowboystiefel und stets seinen »original« Cowboyhut aus Wyoming. Ich wusste vom Parkplatz, dass Gery einen Isuzu Rodeo fuhr, und als wir einmal zufällig gemeinsam zur Kantine gingen, fragte ich ihn ganz unbeholfen: »Wie alt bist du, wenn ich fragen darf?«

»Ich werde fünfundvierzig.«

Das überraschte mich so sehr, dass ich »Was!?« rief. Es tat mir sogleich leid, und ich rettete mich irgendwie aus der Situation heraus.

Gery war fünfundvierzig und träumte immer noch von einem Leben als Cowboy auf einer Ranch. Aber wenn er jemals Cowboy würde, dann konnte ich ihn mir nur als einen sehr traurigen Cowboy vorstellen. Er versuchte sachlich und gut informiert zu sein, und dabei fehlte ihm das Bauchgefühl, die Gelassenheit, die einen Cowboy über die gebrochenen Knochen hinwegtröstete. Gery schien immer unter Druck zu stehen, es sei denn, er hatte gekifft. Ein Cowboy aber war niemals unter Druck.

Selbst wenn Gery von Wyoming erzählte, wo er einen Sommer gewesen war »und fast in einem Schlammloch ertrunken wäre«, schien mir, als würde bei ihm die Gleichung Gery + Cowboy = Glück einfach nie aufgehen.

Gerys Cowboytraum konnte definitiv nicht meiner sein. Aber wie viele Arten vom Cowboyträumen konnte es dann geben? Und wer hatte überhaupt das Recht, sich das Cowboy-Image zuzulegen? Waren es jene, die in von Plastikbechern und Zigarettenstummeln übersäten Seitengängen einer Rodeo-Arena standen, sich hin und her bogen, um ihre Gelenke aufzuwärmen, die sie gleich beim Bullenreiten verdrehen und quetschen würden? Waren es jene Alten, die noch dabei zugesehen hatten, wie geteerte und gefederte Bankräuber vor den Augen von fünfhundert Zuschauern gehängt wurden? Waren nur jene mit dem fettigen Löffel im Mund geboren, die noch die Pferde für die Wildwest-Show vom alten Buffalo Bill gebrochen hatten? Oder jene, die im gelben Regenmantel zusammen mit anderen harten Männern wilde Mustangs zusammentrieben?

Gery war für mich die haschischrauchende Fälschung eines Cowboys. Er schien mir zu alt dafür, dass er immer noch nach seinem Idol suchte. Für ihn musste es auch Wyoming – der Staat mit dem Broncoreiter auf dem Autonummernschild – sein, als könne man nur an diesem Ort *Howdy* und *Yehaa* sagen. Aber wenn er so von seinem »Sommer mit dem Outfit in Wyoming« dahererzählte, erinnerte er mich immer wieder an meine eigene Naivität. Auch für mich war die Erfüllung meines Traumes, für ein

Outfit, also eine Ranch, im Westen zu arbeiten. Aber hieß das denn, dass ich auch so eine Art Gery war? Ich stammte nicht aus New Orleans, sondern aus der Schweiz, aber beides lag für mich etwa gleich weit vom Ursprung des Cowboys entfernt. Gery hatte bislang sein Geld damit verdient, Klavier in Clubs zu spielen, ich schrieb Bücher in Deutschland, und wir beide wollten Cowboy werden? Als mir die Parallele klar wurde, kam ich mir irgendwie lächerlich vor. Wollte ich das? Träumen wie Gery? Das Einzige, was mich von Gery vielleicht unterschied, war, dass er noch nach seinem Cowboy suchte und ich meinen in Jack bereits gefunden hatte.

Seit Jack in mein Leben getreten war, begann ich die Philosophie des Cowboys endlich zu begreifen. Jack verkörperte für mich den Cowboy, weil er er selbst war, weil er sich im Leben durchgekämpft und dabei viele Fähigkeiten entwickelt hatte. Das unterschied ihn deutlich von all den anderen Männern, deren Wege ich bis hierher gekreuzt hatte. Nur das breitgefächerte, praktische Wissen und Können sicherte einem Cowboy das Überleben. Ähnlich wie im Leben eines Künstlers war im Leben eines Cowboys nichts garantiert; nicht das Wetter, nicht seine Gesundheit oder der nächste Job, nicht der Preis für die Kühe oder sein fairer Lohn. Doch in dieser Ungewissheit lag auch gleichzeitig seine Unabhängigkeit.

Nur der echte Cowboy machte sich von dem »Traum des Cowboyseins« unabhängig. Der echte Cowboy hechelte keiner Vorstellung von einem Leben in Wyoming hinterher, und er musste auch nicht irgendeine bestimmte Kleidung tragen oder an einem bestimmten Ort leben, um er selbst zu sein.

Seine Unabhängigkeit bedeutete zwar auch das Risiko,

von einem ungezähmten Mustang totgetrampelt oder von einem Bullen aufgespießt zu werden. Unabhängigkeit bedeutete auch, keinen Cent in der Tasche zu haben und nachts auf der Straße oder stockbesoffen vor den Türen eines Hurenhauses zu sitzen. Doch bei alldem blieb ein wahrer Cowboy immer er selbst. Der Lebensstil eines Cowboys ist eine Verpflichtung wie jeder andere Lebensstil auch. Man zahlt als Cowboy vielleicht nur einen höheren Preis – für gerissene Menisken, gebrochene Hände, gebrochene Herzen, krumme Rücken, schäbige Unterkünfte. Aber wenn man die Passion hat, das Blut, den Willen, dann berauscht das Leben in der Prärie und in der Rodeo-Arena wie kein anderes.

Wer war ich? Wer war Gery? Würden wir trotz unserer Träume jemals die grenzenlose Abenteuerlust ausstrahlen, die rauhe Liebe leben und die ruchlose Gutherzigkeit eines echten, geborenen texanischen Cowboys erlernen können?

Würde ich jemals Cowboy sein können? Wollte ich noch freier, härter und noch mal freier als alle anderen sein? Ich war es doch schon. Nach meiner Zeit in Montana, meinen Ritten in Kanada, nach all den Büchern, den Filmen und Geschichten, stellte ich endlich fest, dass ich kein Gery sein wollte, eigentlich kein »Wyoming«, keine Ranch im Westen, keine tausend Rinder brauchte, um mich als Cowboy zu fühlen.

Es gab die Vorstellung eines Lebens, und es gab das Leben selbst. Das erste Mal, seit ich Zürich mit fünfzehn Jahren verlassen hatte, fühlte ich mich angekommen. Ich war drauf und dran, die Hufschmiedeschule abzuschließen, und stand dem Cowboyleben näher, als ich es jemals in Arizona, Wyoming oder Montana getan hatte. Ich hechelte nicht mehr einem Möchtegern-Cowboy hinterher, der die Vorstellung eines solchen Lebens lebte. Das erste Mal glaubte ich nicht mehr, Diener meiner Vorstellung oder der Vorstellung eines anderen zu sein, sondern mein Leben so gestaltet zu haben, wie es mich glücklich machte – als ich selbst, als Hufschmiedin, als Frau von Jack.

Nun zog das Leben meinen Karren und nicht mehr umgekehrt.

17

Im April wurde das Wetter immer schöner. Bei Sonnenaufgang lag Frost auf den Feldern. Bei Sonnenuntergang ging ein warmer Wind, und die Möwen kreisten am Himmel.

Es waren nun nur noch wenige Wochen Schule. Ich stellte fest, dass ich seit Dezember fast eine ganze Zwei-Pfund-Dose Erdnussbutter gegessen hatte. Ich verbrannte beim Schmieden und bei der Arbeit so viel Energie, dass Erdnussbutter überlebensnotwendig geworden war.

Ich schmiedete jetzt Hinter- und Vordereisen mit unterschiedlichen Modifikationen in 3/8 Inch dickem Stahl. Dafür benutzte ich auch tatsächlich den schwereren der beiden Hämmer, der »leichte« Texas-Custom-Hammer, den ich vor ein paar Monaten kaum hatte heben können, fühlte sich mittlerweile zu leicht an und hing immer öfter bei meinen anderen Werkzeugen. Meine Hände hatten zahlreiche Schwielen am Handballen und den Fingern, Blasen verheilten, und in den rauhen Stellen setzte sich die Farbe des Eisens fest. Meine Gelenke schmerzten am

Handgelenk und im Ellbogen, und mein Gehirn war erschöpft. Aber zufrieden fühlte ich mich. Ungetrübt.
Wir absolvierten unsere praktischen und theoretischen Prüfungen, und Edward wurde unbarmherzig. Ich bestand meine Prüfung nach einem Frontbeschlag, an dem ich zweieinhalb Stunden gearbeitet hatte und zwischendurch fast in Tränen ausgebrochen wäre, weil ich das falsche Eisen an den falschen Fuß genagelt hatte.

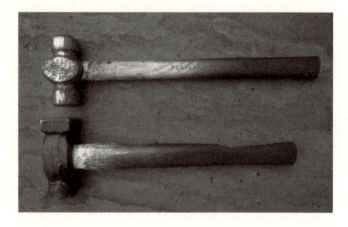

Eli, Brent und ich beschlossen gegen Ende des Kurses endlich, die Gefrierbox voller Kadaverfüße zu säubern. Keiner von uns hätte das in der ersten Schulwoche geschafft, doch wir hatten uns mit der Zeit an so einiges gewöhnt. Kadaverfüße wurden zu Lehrzwecken benutzt, man konnte bedenkenlos den Hufzuschnitt üben oder die Haut abziehen, um die Sehnen, Bänder und Muskeln im Bein zu studieren. Wir hatten unsere ersten Eisen passend auf einen solchen Huf geschmiedet und schließlich angenagelt.

Doch die Gefrierbox sah aus, als sei seit fünf Jahren keiner mehr bis auf ihren Grund vorgestoßen. Eli hackte das dicke Eis mit einer Schaufel von den Seiten ab und schaufelte es in die Mülltonne. Brent und ich stapelten die noch brauchbaren Pferdebeine auf dem Boden und entsorgten die anderen in Säcken. Im Frost eingeschlossen, fanden wir auch zwei Pferdeköpfe mit zusammengenähten Augenlidern – wie so vieles in der Hufschmiedeschule: ein ganz neuer Anblick.

Als Gery kam und sah, dass wir zahlreiche abgeschnittene Pferdebeine auf dem Fußboden gestapelt hatten und obendrauf zwei Pferdeköpfe lagen, hielt er sich die Nase zu und fluchte: »*What a disgusting mess!*«

Brent und ich sahen uns an, und ich schüttelte den Kopf. »*What a pussy.*«

Unfassbar, dass das Ende des Kurses immer näher rückte. Jeder von uns, Edward ausgenommen, hatte eine Entwicklung durchgemacht. Brent und Eli trugen jetzt Mützen von Hufeisen- oder Hufnagelherstellern. Sie alle waren schon Teil der Hufschmiede-Community bei Facebook und tauschten sich über zukünftige Seminare aus. Wenn wir uns in der Klinik aufhielten, dehnten sich ihre Gespräche mit den weiblichen Veterinärschönheiten merklich aus, und ich hatte den Eindruck, dass sie ihr Kinn seit der Hufbeschlagsprüfung etwas höher trugen. Brent erzählte mir, er habe wieder angefangen zu joggen und dabei fünfzehn Pfund verloren. Eli schweißte und hämmerte Sachen zusammen, die er nach und nach in seinen Jeep einbaute – für ihn begann mit Abschluss dieses Kurses die Realität als Hufschmied. Er wollte auf die Rennbahn und dort Vollblüter beschlagen, er brauchte das Geld (was er als Jockey nicht mehr verdienen konnte), um seine Tochter und seine Frau zu ernähren. Gery hatte nur den einen Plan: so schnell wie möglich zurück in die Wärme von New Orleans. Es erstaunte mich, dass er nicht gleich nach Wyoming wollte. Aber dann erstaunte es mich auch wieder nicht.

Jack kam mich drei Wochen vor Schulschluss übers Wochenende besuchen, und bei Sonnenschein spazierten wir durch Ithaca. Wir hielten in einem Restaurant, um Chicken Wings zu essen, zogen dann weiter und hielten in einem anderen Restaurant, um Barbecue zu essen. Es gab einfach nichts Schöneres, als von der harten Arbeit ständig hungrig zu sein.

Wir redeten viel über das Leben, das hinter uns und vor uns lag. Jack hatte so viele Geschichten zu erzählen, von Pferden, von Narben, Cowboytagen und Whiskeynächten.

Wir redeten auch oft über das Göttliche. Nach allem, was ich erlebt hatte, all den Versuchen, wegzugehen, nach all diesen Jahren der Suche hatte ich das Gefühl, dass mir ein großes, unglaubliches Glück widerfahren war. Und ich konnte mir nicht erklären, wie es dazu gekommen war. Vielleicht durch meinen Willen und meine unbeugsame Überzeugung, mich befreien zu müssen, mit allen Risiken, die damit verbunden waren.

Ich kannte die Bibel nicht besonders gut, aber Jack kannte sie umso besser. Er zitierte einmal: *After the suffering of his soul he will see the light of life and be satisfied.*

Um das Licht des Lebens sehen zu können, musste man seine Seelenqualen überwinden und hinter sich lassen. Wer das nicht konnte, würde nie Zufriedenheit finden. Ich glaubte, vieles hinter mir gelassen zu haben. Ja, eine ganze Welt – oder vielleicht sogar zwei?

Und manchmal blickte ich innerlich aus meiner neuen Heimat ungläubig über den Ozean zurück – aber ich bereute nichts.

Ich war keine blasse Gestalt aus Berlin mehr, die in der Welt nach einem Zuhause suchte: Ich war eine Frau, die mit ihrem Mann, ein paar Hunden, gestapeltem Feuerholz, zwei Trucks in der Einfahrt, einer verrosteten Eisentonne und einem Traktor in Vermont lebte.

Den Schmieden von Abessinien sagte man eine Verbindung zu den bösen Mächten nach. Ich habe beim Schmieden lediglich die Erfahrung gemacht, das Böse und das Schwache in mir zu erkennen, aber auch das Starke und Gute zu schätzen.

Als ich begann, meine ersten Pferde zu beschlagen, konnte ich nicht mehr nachvollziehen, wie ich zu dieser Fähigkeit gelangt war. Es war nicht allein die Übung oder die Kraft, manchmal hatte ich ein Eisen geschmiedet oder einen Huf beschnitten, ohne zu wissen, woher ich die Fähigkeit hatte, dies zu tun. Mir war dann, als hätte ich mich bei der Arbeit an einen Ort in mir selbst zurückgezogen, an dem all diese ungeahnten Fähigkeiten hausten.

Ich glaube, das war auch der Ort in mir, wo der Cowboy wohnte. Und es war nicht nur die Fähigkeit, einen Nagel mit dem Hammer in die Hufwand einzutreiben oder das Eisen dem Huf anzupassen. Ich hatte auch die Fähigkeit gehabt, jeden Morgen aufzustehen und in die Schule zu fahren, obwohl mir die Hände, die Schultern und die Handgelenke schmerzten und ich lieber alleine zu Hause geblieben wäre. Trotz meiner Bedenken hatte ich mich an ein fremdes Pferd gewagt, hatte meinen Instinkten vertrauen und feststellen können, dass ich das Richtige tat und damit Erfolg hatte. Ich hatte die Fähigkeit, in Ithaca, New York, zwar einsam zu sein, mich aber in der Welt zu Hause und glücklich zu fühlen.

All das und noch viel mehr wohnte an diesem Ort in

mir, den ich so lange gesucht hatte. Ich lernte bei meinem Handwerk nicht nur, ein Pferd zu beschlagen, ich lernte das Gute in mir kennen.

Ich hatte mich verändert und weiterentwickelt. Auch wenn ich beim Hufbeschlag manchmal fast aufgegeben hätte, überwand ich diesen Punkt und liebte mein Leben danach noch mehr als zuvor.

Nichtsdestotrotz: In den letzten beiden Wochen kam ich an meine Grenzen. Meine Arme schliefen nachts ein, und meine Hände waren morgens taub und geschwollen. Meine Handgelenke und Ellbogen schmerzten, und mein Rücken fühlte sich an, als würden ihn Stahlseile zusammenhalten. In meinen Handflächen hatte sich Hornhaut gebildet, ich hatte winzige Schnitte von der Raspel an den Fingerkuppen und kleine, verheilende Brandwunden an den Unterarmen. Doch der Cowboy lehrte mich nun mal eines: mich nicht von Schmerzen oder Ängsten oder Unsicherheiten beeindrucken zu lassen.

Es gibt einen englischen Heiligen namens Dunstan, der dem Teufel gegen seinen Willen ein Eisen an den Fuß genagelt hat. Von dieser Legende stammt auch der Brauch, zum Schutz eines Heims ein Hufeisen über die Tür zu nageln: Ihr zufolge hatte der heilige Dunstan dem Teufel das Versprechen abgenommen, kein Haus zu betreten, an dem ein Glückshufeisen hing.

Mir scheint, dass auch ich meinen eigenen Teufel gegen seinen Willen beschlagen hatte.

18

Der letzte Schultag war ein eiskalter, grauer Apriltag. Jack kam nach Ithaca, um mich abzuholen. Er kam, wie es Hufschmiede aus der Umgebung oft taten, in den Shop, redete mit Ed und blieb eine Weile dort. Das hieß, man erzählte sich Geschichten von Kunden und Pferden – Jack half ein bisschen mit und schmiedete Eisen im Handumdrehen.

Edward rieb sich irgendwann die Augen, stand bald auf und meinte zu mir: »Wir sind noch nicht durch deine Hufeisensammlung gegangen. Lass uns das erledigen, bevor ich zum Mittagessen gehe.«

Und so setzte ich mich mit Edward an seinen überfüllten Schreibtisch, und er begutachtete meine Eisen. Er sagte nicht viel. Als wir fertig waren, zog er das von ihm unterzeichnete, mit Stempel und Siegel des Tierspitals der Cornell-Universität versehene Zertifikat hervor und hielt es mir hin.

Cornell University

College of Veterinary Medicine

This is to Certify that

Louise Jacobs

Satisfactorily completed a Course in the Practical Horseshoeing at the Cornell University Hospital for Animals in Ithaca, New York, U.S.A. on

April 2015

»Well, congratulations! You made it.«

Mein erster Gedanke war: »Das stimmt doch gar nicht.« Und dann dachte ich: »Stimmt vielleicht doch«, denn ich las meinen Namen.

Ich konnte nicht glauben, dass ich nicht abgebrochen hatte. Dies war der letzte Schultag, und ich war immer noch hier.

Ich hatte nicht aufgegeben. Ich war hiergeblieben in Eiseskälte, Schnee und Einsamkeit, an guten und schlechten Tagen, an langen, harten und stillen, dunklen Tagen – ich hatte abgeschlossen. Jetzt konnte ich wirklich was, und wenn morgen die Wirtschaftswelt zusammenbrechen würde, dann konnte ich das Pferd meines Nachbarn beschlagen und meiner Familie einen Laib Brot von dem Lohn kaufen. *»Make it your ambition to lead a quiet life, mind your own business, and work with your hands.«* So steht es in der Bibel. Dieses Gefühl war das innerlichste Gefühl des Cowboys, das ich je gespürt hatte.

Jack und ich packten die Sachen in der Hütte zusammen und verließen Ithaca noch am selben Abend. Wir fuhren direkt zum Highway I-90, der uns nach Osten führte. Es war 18 Uhr. Ich war müde und erledigt. Je weiter wir uns von Ithaca entfernten, desto größer wurde auch meine Erleichterung. Ständig musste ich mir sagen, dass ich nicht abgebrochen hatte wie sonst so oft in meinem Leben, sondern dass dies das Ende war und ich bis zum Ende geblieben war.

Bei der Mautstelle in Fonda hielten wir bei Dunkin' Donuts. Die Sonne ging unter, und der ganze Himmel war rosafarben und dunkelviolett. Eine Feuersäule stieg zwischen den Hügelkuppen im Westen in den Himmel, rundherum lag alles eingehüllt ins Schwarz der heranbrechenden Nacht.

»Weißt du was«, sagte ich zu Jack. »Ich habe zum ersten Mal in meinem Leben das Gefühl, nach Hause zu fahren. Und ich freue mich auf nichts mehr, als endlich zu Hause anzukommen.«

Epilog

Seit ich die Hufschmiedeschule abgeschlossen habe, bin ich mit Jack unterwegs, um Pferde zu beschlagen. Wir machen teilweise neun Pferde an einem Tag. Jack drückt mir dann abends die Schecks in die Hand und sagt: »Hier, dein Lohn.« Das ist – obwohl ich auch unter ihm nur ein Lehrling bin – ein tolles Gefühl. Zwischen den Farmen holen wir uns einen Kaffee und ein Sandwich bei der Tankstelle. Abends sitzen wir mit Bier auf dicken Holzstumpen oder machen ein Feuer im Garten. Auf unserem Grundstück fälle ich Bäume mit der Axt, ich lege bei uns in der Wiese mit dem Traktor ein Gemüsebeet an und pflanze Zucchini, Tomaten, Rote Bete, Salat und Kräuter. Morgens sitze ich mit einer Tasse Kaffee in der Morgensonne und schreibe in mein Tagebuch.

The days and nights I spend with you,
The smiles so bright the fires you light.
Nobody ever managed to pick me up when I was down
Not like you do it
Like a blazing torch on a satin white gown.

So pick me up, dance with me,
Laugh and cry and shout with me,
Run and wander
For I love you beyond and yonder

To places and back
Today and timeless

Forever or just inexpressibly deep
'Till wood and dirt and six foot under.

Das Ende eines Westerns wäre vielleicht eine Schießerei, ein Begräbnis oder die Panoramaaufnahme einer eintönigen, von dornigen Büschen bewachsenen Wüstenlandschaft. Im Bild befände sich ein Mann, der sich in seinen Sattel zieht. Auf dem Pferd sitzend, würde er sich nach einer Frau umwenden und lächeln.

»Ma'am.«

Dann würde er seinen Hut lupfen, seinem Pferd die Sporen geben und über eine staubige Schotterstraße gen Westen reiten.

Zurück bliebe die Frau, ihre Blicke zum Horizont gerichtet, während eine Musik ertönt. *Goodnight, Irene, goodnight, I kiss you in my dreams.*

Die Frau bleibt am Ende vieler Cowboygeschichten zurück, der Mann hingegen reitet von dannen, ist wild und frei.

Da ich einen Hang dazu habe, eine romantische Vorstellung mit der Realität zu verwechseln, habe ich diese Schlussszene ein halbes Leben lang idealisiert. Nur habe ich mich dabei stets in der Rolle des Mannes gesehen, nicht in der Rolle der Frau. Daher wollte ich auch immer Cowboy werden und nicht Cowgirl. Die Figur des Mannes bot mir etwas, das den Cowboy hauptsächlich charakterisiert – die stete Möglichkeit, seinen Sattel und seine Bettrolle zu packen und weiterzuziehen. Ich bin viele Jahre umhergezogen, ich wollte von niemandem abhängig sein. Vielleicht bin ich von einer sehr störrischen Vorväterschaft dazu erzogen worden, meinen eigenen Weg zu gehen, und dies habe ich lange Jahre getan.

Wie oft bin ich geflohen, um neues Glück zu suchen. Wie oft habe ich mich für die Einsamkeit entschieden, um weiter so zu leben, wie ich leben wollte.

Irgendwann bekommt jeder die Gelegenheit, zu beschließen, nicht mehr weiterziehen zu wollen. Irgendwann bekommt etwas ganz anderes, Unerwartetes im Leben mehr Gewicht als das Verlangen nach Unabhängigkeit.

Wer hätte gedacht, dass mir ein rothaariger Hufschmied aus dem Bibelgürtel des amerikanischen Südens in Vermont begegnet? War mein Leben darauf ausgerichtet, heute mit einem Mann und einer Familie in Neuengland zu leben?

Vielleicht. Vielleicht kann man irgendwann tatsächlich ganz entspannt auf dem Zaun der Arena sitzen und den anderen beim Rodeo zuschauen.

Mein Cowboytraum ist durch mein Ankommen in Jacks und meinem Leben nicht ausgeträumt, vielleicht hat einfach endlich nur die Realität meines Traums begonnen.

So kann ich also auch dieses Buch beenden wie einen Western. *Sie zog sich in den Sattel und sah sich noch mal um, dann lüpfte sie ihren Hut, gab ihrem Pferd die Sporen und war bald nur noch eine kleine Silhouette in einer scheinbar endlosen, goldbraunen Landschaft.*

Fade-out.

Ich danke meinen Lesern – Briefe und persönliche Begegnungen haben mich immer wieder dazu ermutigt weiterzuschreiben. Ich danke meinem Verlag – der es wagt, ein zweites Buch von mir zu veröffentlichen. Ich danke meiner Agentin – die an mich und meine verrückten Träumereien glaubt und sich auch noch dafür einsetzt. Ich danke meinen Eltern für die unermüdliche moralische Unterstützung. Ich danke meinem Mann für seine Inspiration und Geduld, und ich danke meinem Traum vom Wilden Westen, der mich mit diesem Buch, dieser Geschichte beschenkt hat.

Louise Jacobs

Fräulein Jacobs funktioniert nicht

Als ich aufhörte, gut zu sein

Louise Jacobs kommt aus gutem Haus und hat alles, wovon man nur träumen kann. Doch sie scheitert an den in sie gesetzten Erwartungen und an den Ansprüchen an sich selbst. Wie aus dem Erwachsenwerden ein Alptraum wird, erzählt sie in ihrem sehr persönlichen Buch. Die authentische Geschichte einer jungen Frau, die sich aus ihren Zwängen befreit.

»Mit achtzehn war Louises Leben schon fast am Ende ...
Sie kam heraus aus eigenen Kraft.
Zerbrechlich, verletzlich wirkt sie noch immer.
Doch über die Hölle der Jugend spricht eine
willensstarke Frau, die ihren Weg gefunden hat.«
Karl Gaulhofer, Die Presse

»Unsentimental, uneitel,
ergreifend erzählt.«
Madame

Tommy Krappweis
Heinz J. Bründl

Vier Fäuste für ein blaues Auge

Wie der Wilde Westen nach Deutschland kam

Wie kommt man dazu, mitten in der deutschen Provinz eine authentische Westernstadt zu errichten? Wie überlebt man einen Job, in dem man täglich zweimal erschossen wird? Und wie weit fliegen die Trümmer einer explodierenden Schrotflinte?

Tommy Krappweis und Heinz Bründl erzählen vom schrägen Alltag in »No Name City«, von echten und gespielten Schlägereien, Schießereien und Duellen – und warum es sich mitunter lohnt, den eigenen Traum zur Not auch mit der Faust zu verteidigen.